Norma Rehmann · Angelika Gördes-Giesen

Kuchenbuffet 3

Landwirtschaftsverlag

„Maz ab" – oder: wie das Kuchenbuffet sich dreht

Samstags nachmittags wandert der erste Blick der Redaktion ins Filmregal. Hier steht die Torte auf ihrem Stammplatz. Natürlich nicht die echte – auch wenn der Abendredakteur gern beides hätte: die Kassette mit dem fertig geschnittenen Film und ein Stückchen Kuchen zum Probieren. Doch meist muss er sich mit einem Studiokeks begnügen. Falls im Regal noch eine Lücke klafft, greift er zum Telefon. Wir können ihn schnell beruhigen, denn oft fehlt nur noch die Tonmischung. Dafür lassen wir uns gerne etwas Zeit – der Text muss genau auf das Bild und zur Musik passen – und manchmal finden wir erst samstags die nötige Muße für diese Arbeit.

Ohne Laufzettel ist die Kuchen-Filmkassette wertlos. Hier stehen die wichtigsten Infos: der Text für die Moderatoren/-innen, der Name der Kuchenbäcker/-innen, Kamerateam und Cutter und vor allem die Einblendungen, z. B. Rezepthinweise.

Nach der Regiebesprechung schauen Abendredakteur und Moderator das Kuchenbuffet gemeinsam an und besprechen An- und Abmoderation. Am späten Nachmittag trudeln langsam alle Filme ein und die aktuellen Kurznachrichten werden zusammengestellt.

Um 19 Uhr ist es dann so weit. Der Abendredakteur geht ins Sendestudio. Hier laufen bereits alle Vorbereitungen auf Hochtouren. Der Moderator sitzt in der Maske, die studentischen Hilfskräfte bereiten die Computer-Einblendungen vor, damit in der Sendung jeder Gesprächspartner richtig angekündigt wird, und die automatischen Kameras und Scheinwerfer werden im Studio genau eingestellt. Falls ein Interview oder eine Live-Schalte mit dem Übertragungswagen vor Ort ausfällt, steht zur Sicherheit immer ein Ersatzfilm bereit. Kurz vor der Sendung werden alle „Mazen“ – alle magnetischen Bildaufzeichnungs-Maschinen, also die Filmabspielgeräte – nochmals überprüft und um 19.30 Uhr ist es so weit: Die „Lokalzeit Münsterland“ beginnt. Zehn Augenpaare sind auf die große Monitorwand mit den vielen kleinen Bildschirmen gerichtet. Nach dem Nachrichtenblock ist meist Kuchenbuffet-Zeit und auf Kommando „Maz ab“ dreht sich die Tortenplatte. Nach fünf Minuten ist alles vorbei, nicht aber für unsere Zuschauer. Sie erfahren noch, wie das neueste Rezept zu bestellen ist. Exakt um 19.59 heißt es dann Stopp – Ende der Sendung. Das Kuchenbuffet wandert ins Archiv und die Arbeit im Büro beginnt, denn die Rezepte werden ins Internet gestellt, versandt und als Kopie am Empfang des Studios in Münster ausgelegt. Unsere Internetadresse: www.wdr.de/studio/muenster/buffet.html.

Norma Rehmann *(oben links)*
Angelika Gördes-Giesen *(oben rechts)*

Eva-Maria Busse (Warendorf)

Aprikosentorte mit Marzipan

Für den Mürbeteig
125 g > Mehl
1 Msp. > Backpulver
2 EL > Zucker
1 EL > Vanillezucker
1 Prise > Salz
2 EL > Weizenkorn
100 g > kalte Margarine
1 TL > kalte Butter

Für den Biskuitteig
1 > Eigelb
3 EL > warmes Wasser
75 g > Zucker
1 EL > Vanillezucker
1 > Eiweiß
50 g > Mehl
25 g > Speisestärke
2 Msp. > Backpulver

Für die Füllung
4 TL > Aprikosenmarmelade
200 g > Marzipanrohmasse
80 g > Puderzucker
2 Dosen > Aprikosen (480 g Abtropfgewicht je Dose)
2 Päckchen > klarer Tortenguss
3 EL > gehobelte Mandeln

Zubereitung

Für den Mürbeteig Mehl und Backpulver auf eine Arbeitsfläche sieben und in die Mitte eine Mulde drücken. Dahinein Zucker, Vanillezucker und Salz geben und vorsichtig mit dem Weizenkorn auflösen. Margarine und Butter auf dem Mehl verteilen und alle Zutaten miteinander verkneten. Den Teig für eine Stunde im Kühlschrank ruhen lassen, anschließend ausrollen, in eine gefettete Springform (28 cm Durchmesser) legen und bei 180 °C im Umluftofen in ca. 10–15 Minuten goldbraun backen. Auf einem Kuchengitter auskühlen lassen.

Für den Biskuitteig Eigelb mit Wasser, Zucker und Vanillezucker cremig rühren. Das Eiweiß steif schlagen und unterheben. Mehl, Speisestärke und Backpulver mischen, über die Creme sieben und unterziehen. Die Masse in eine mit Backpapier auslegte

Tipp
Die Torte schmeckt besonders gut, wenn sie ein bis zwei Tage durchziehen konnte.

Springform (28 cm Durchmesser) füllen und im Umluftofen bei 200–220 °C in etwa 10–15 Minuten goldgelb backen. Das Backpapier abziehen und den Boden auf einem Kuchengitter abkühlen lassen.

Die Aprikosen abtropfen lassen und den Saft dabei auffangen, gegebenenfalls mit Wasser auf 500 ml auffüllen.

In der Zwischenzeit die Marzipanrohmasse mit dem Puderzucker verkneten und ausrollen. Die Springform auf die Marzipanplatte setzen und einen Kreis ausstanzen. Aus dem übrig gebliebenen Marzipan kleine „Plätzchen" ausstechen und die Torte damit verzieren.

Den Mürbeteigboden mit der Aprikosenmarmelade bestreichen. Das Marzipan auf den Mürbeteigboden legen. Den Biskuitboden darauf legen und einen Tortenring darum spannen.

Die Aprikosen dicht auf dem Biskuit verteilen. Aus dem Tortengusspulver und dem Aprikosensaft nach Packungsvorschrift einen klaren Tortenguss herstellen und über die Aprikosen geben, sodass die Oberfläche ganz bedeckt ist. In der Form abkühlen lassen.

Währenddessen die gehobelten Mandeln in einer Pfanne ohne Öl goldbraun anrösten (dabei aufpassen, denn sie verbrennen zum Schluss leicht). Wenn Torte und Mandeln ganz erkaltet sind, die Torte aus dem Tortenring lösen und die Mandeln auf dem Rand der Torte anbringen.

Zu Hause in ihrem kleinen Büro unter dem Dach steht Eva-Maria Busses Zeichenwand, liegt ihr Vorrat an Stiften, Winkeln und Linealen. Hier entwirft sie, wie Wohn-, Schlaf-, Esszimmer oder die Küche ihrer Auftraggeber demnächst aussehen sollen. Eva-Maria Busse ist Innenarchitektin, und das mit Leidenschaft. Die lebt sie zur Zeit allerdings nur stundenweise aus. Ihre beiden Kinder sind 9 und 10 Jahre alt, und wenn sie aus der Schule kommen, hat Eva-Maria Busse ihre Schreibtischarbeit erledigt und Zeit für die beiden. Samstags arbeitet sie nicht an ihrem Schreibtisch, sondern in einem Warendorfer Einrichtungshaus, für dessen Kunden sie plant, welche Möbel wie im Raum stehen, mit welchen Farben und Materialien gestaltet werden soll, wie Wände und Fußböden beschaffen sein sollen. Sie sucht aus großen Mappen mit unzähligen Farb- und Materialmustern passende Stoffe, Hölzer oder Metalle aus, um dann konkrete Gestaltungsvorschläge machen zu können. Eva-Maria Busse freut es besonders, wenn sie etwas von ihrer Begeisterung an die Kunden weitergeben kann. Moderne Möbel und Klassiker der Avantgarde mag sie besonders und sie hat eine Schwäche für originelle Leuchten. „Zettels" heißt ihre Lieblingslampe, die über und über mit kleinen weißen Notizzetteln behängt ist. Manche von ihnen sind noch unbeschrieben – gut für Notizen wie „Samstag Aprikosentorte mit Marzipan backen".

Marita Thiemann (Münster-Amelsbüren)

Basbussa – europäische Variante

Für den Teig
2 Becher > Joghurt (à 150 g, 1,5 % Fett)
150 g > Zucker
1 Päckchen > Vanillezucker
3 EL > Butter (ca. 20 g)
500 g > Grieß
1 Päckchen > Backpulver
evtl. 3 EL > Rosinen
ca. 20 > ganze Mandeln, halbiert und abgezogen

Für den Sirup
300 ml > Wasser
150 g > Zucker (oder 200 g Honig)
Saft von 1 > Zitrone
1/2 TL > Rosenwasser

Zubereitung

Für den Teig Joghurt, Zucker und Vanillezucker miteinander verrühren und eine halbe Stunde stehen lassen, damit sich der Zucker ganz auflösen kann.

In der Zwischenzeit die Butter erwärmen und schmelzen. Grieß und Backpulver mischen. Dann Grieß, Backpulver, die geschmolzene Butter und die Rosinen unter die Joghurtmasse rühren.

Eine eckige Auflaufform oder ein verstellbares Backblech (Größe ca. 20 x 30 cm, so genau kommt es darauf nicht an) einfetten und den Teig etwa 2 cm hoch darauf streichen. Alles eine halbe Stunde ziehen lassen.

Regelmäßig ertönt auf dem idyllischen und sehr westfälischen Hof Thiemann aus dem ehemaligen Kornspeicher orientalische Musik. Dann wissen alle: Marita übt im Partyraum Bauchtanz. Angefangen hat alles mit der Schwangerschaftsgymnastik, die Marita Thiemann gemeinsam mit einer Freundin besuchte. Eines Tages erzählte diese Freundin begeistert, in Münster werde ein Bauchtanz-Kurs für Schwangere angeboten und als gute Freundin müsse Marita sie dorthin begleiten. Bis dahin konnte Marita Thiemann weder mit Bauchtanz noch mit orientalischer Musik etwas anfangen. Das änderte sich schlagartig, als sie der Freundin den Gefallen tat und mitging. Die Musik begann, sie folgte den Anweisungen der Lehrerin und seitdem hat sie der Bauchtanz nicht mehr losgelassen. Mittlerweile hat Marita Thiemann bei verschiedenen Lehrerinnen unterschiedliche Bauchtanz-Stile tanzen gelernt: folkloristischen Bauchtanz, klassischen Bauchtanz („der ist so wie bei uns Ballett", erklärt Marita Thiemann) oder den Showtanz. Showtanz gefällt ihr am besten, der wird zu aktueller arabischer Popmusik getanzt. Ihre Tänze sind alle choreografiert. Das heißt, Abläufe und Bewegungen sind genau festgelegt. Einer davon heißt „Basbussa", so wie die orientalische Süßigkeit, um die es auch in dem dazugehörigen Lied geht. Normalerweise tanzt Marita Thiemann in einer Gruppe, aber wenn sie gebeten wird, tritt sie auch allein oder gemeinsam mit ihrer Freundin auf einem Fest auf. Ihre aufwändigen Kostüme näht und bestickt sie selbst. Aber geübt wird zu Hause im Partyraum in Jeans.

Den Umluftherd auf 170 °C (bei Ober- und Unterhitze auf 200 °C) vorheizen. Danach den Teig auf dem Blech (bzw. in der Form) in rautenförmige Stücke von etwa 3 mal 3 cm anschneiden und auf jedes Stück eine halbe Mandel legen. Den Kuchen 30–45 Minuten backen lassen. Die Oberfläche soll leicht gebräunt sein.

Währenddessen den Sirup kochen: Wasser und Zucker bzw. Honig in einem Topf unter Rühren aufkochen lassen. Die Hitze etwas herunterschalten, den Zitronensaft zugeben und alles einköcheln, bis die Flüssigkeit etwas dick wird. Zum Schluss das Rosenwasser unterrühren. Den Sirup leicht abkühlen lassen.

Wenn der Kuchen fertig gebacken ist, noch heiß mit dem Sirup dick einpinseln und gleich durchschneiden. Basbussa wird kalt gegessen.

Tipp
Rosenwasser bekommen Sie im Reformhaus oder in einer Apotheke.

Kathrin Mues, Claudia Weikart und Judith Messing
(Institut für Haushaltswissenschaften, Westfälische Wilhelms-Universität, Münster)

Cappuccino-Eistorte

Für den Sandteigboden
- 175 g > weiche Butter
- 125 g > Frischkäse
- 120 g > Zucker
- > abgeriebene Schale einer Zitrone
- 1 Päckchen > Vanillinzucker
- 3 > Eier (M)
- 225 g > Mehl
- 2 EL > Kakao
- 2 TL > Backpulver

Für die Eisfüllung
- 1 EL > Instant-Espressopulver
- 2 Blatt > weiße Gelatine
- 7 > Eier (M)
- 150 g > Zucker
- 300 g > Sahne
- 1 Prise > Salz

Für die Dekoration
- 60 g > Marzipanrohmasse
- 1 > Eiweiß (M)
- 1 EL > Milch
- 2 EL > Zucker
- 1 gehäufter EL > Mehl
- > etwas Kakaopulver

Zubereitung

Zunächst den Backofen vorheizen (Ober- und Unterhitze: 170–180 °C / Umluft: 150–160 °C). Eine Springform (26 cm Durchmesser) mit Backpapier auslegen und beiseite stellen.

Butter und Frischkäse cremig rühren. Zucker, Zitronenschale, Vanillinzucker und nach und nach die Eier zufügen, alles gründlich verrühren. Mehl mit Kakao und Backpulver mischen, nur ganz kurz unterrühren.

Teig in die Form füllen und glatt streichen, anschließend in den Backofen geben und ca. 40–45 Minuten backen. Den Boden 5 Minuten abkühlen lassen. Dann aus der Form lösen und auf einem Kuchengitter etwas auskühlen lassen.

Den erkalteten Tortenboden einmal teilen. Dafür die Trennstelle mit einem scharfen Messer markieren, Zwirnsfaden in die Kerbe legen und über Kreuz zusammenziehen. Man kann auch das Messer zum Teilen benutzen.

Bocholt, Berlin, Unna – drei Orte und ein Studienziel. Unsere drei Bäckerinnen begannen vor einigen Jahren mit dem Studium der Haushaltswissenschaften an der Uni Münster. Alle drei engagierten sich in der Fachschaft, wurden Freundinnen und ärgern sich darüber, dass ihr Studienfach nicht so ganz ernst genommen wird. Die Reihe der Vorurteile ist lang: studierte Hausfrau, Köchin mit Diplom oder Pudding-Studiengang. Dabei nimmt Kochen oder wie es exakt heißt „Das Praktikum der Nahrungszubereitung" nur einen geringen Teil des Studiums ein, denn im Lehramts-Studiengang Haushaltswissenschaften dreht sich alles um Sozial- und Naturwissenschaften sowie um Technik und Didaktik. Schließlich ist Haushaltsführung mehr als einkaufen, Betten machen und Fenster putzen. Heute werden von Hausfrauen und -männern Managerqualitäten verlangt, um alles – Beruf, Haushalt und Kinder – unter einen Hut zu bringen. Für Kathrin, Judith und Claudia ist der Lernort Küche das Beste, was ihnen passieren konnte: spannend lecker und entspannend, wenn's ans Töpfeauslecken geht. So lässt sich Genuss mit Fachdidaktik verbinden. Einkaufsplanung, Kostenberechnung eines Rezeptes, Haushaltsbudget und -buchführung sowie Kalorienberechnung, all das lässt sich hier erlernen – und wie könnten Schüler besser motiviert werden als in der Praxis für die Praxis?

Für die Eisfüllung das Espressopulver in 4 EL heißem Wasser auflösen. Gelatine in kaltem Wasser einweichen. Die Eier trennen. Eigelb mit 100 g Zucker im heißen Wasserbad dickcremig schlagen. 2 bis 3 EL Sahne erhitzen, die Gelatine darin auflösen und unter die Eiercreme schlagen. Im Wasserbad abkühlen lassen.

Die restliche Sahne steif schlagen. Das Eiweiß mit Salz steif schlagen, dann den restlichen Zucker nach und nach unterrühren. Nun Sahne und Eischnee nacheinander unter die abgekühlte Eigelbcreme heben. Ein Drittel der Masse abnehmen und beiseite stellen. Den aufgelösten Espresso unter die restliche Creme rühren.

Einen Tortenring um den ersten Boden legen, mit der Kaffeecreme füllen und kurz im Tiefkühlfach anfrieren. Wer keinen Tortenring hat, kann auch eine Springform benutzen. Dann den zweiten Boden auflegen und die helle Creme darauf verteilen. Die Torte sollte nun mindestens eine Stunde tiefgekühlt werden.

Währenddessen kann die Kekslöffel-Dekoration hergestellt werden. Dafür zunächst das Marzipan klein würfeln und mit Eiweiß, Milch, Zucker, Mehl gründlich verrühren. Den Backofen zwischenzeitlich auf 180 °C vorheizen (Umluft ca. 160 °C). Da der Teig nicht ganz fein wird, streicht man ihn durch ein Sieb. Mit Hilfe einer Löffelschablone aus Pappe (einfach einen Teelöffel auf eine Pappscheibe legen, abzeichnen und ausschneiden) ca. 12 Löffel dünn auf das mit Backpapier ausgelegte Backblech streichen. 6–8 Minuten backen, bis die Löffel goldgelb und am Rand etwas gebräunt sind. Vom Papier lösen und sofort auf einen Löffel drücken, damit sie plastisch werden. Abkühlen lassen.

Zur Fertigstellung sollte man die Torte mindestens 20 Minuten vor dem Servieren aus dem Tiefkühlgerät nehmen und zum Antauen aus der Form lösen. Mit Kakao bestäuben, mit Kekslöffeln dekorieren.

Margret Rieger und Alexandra Jung (Münster)

Honigkuchen-Geschenkkarton, gefüllt mit Konfekt

Für den Honigkuchenteig
250 g > Honig, möglichst flüssig
60 ml > Wasser
200 g > Weizenmehl
110 g > Roggenmehl
10–15 g > Honigkuchengewürz
7 g > Natron (gibt es in der Apotheke oder als Backnatron bei den Backwaren)
> Bienenwachs zum Einfetten des Backblechs
1 > Eiweiß
20–30 g > Puderzucker

Für die Konfektfüllung
100 g > fester Honig
100 g > Mandeln
1 TL > Rosenwasser
einige Tropfen > Bittermandelöl
50 g > dunkles Kakaopulver

Zubereitung

Für den Honigkuchenteig Honig mit dem Wasser verrühren. Bei fest kandiertem Honig warmes Wasser verwenden. Mehl mit Gewürzen und Natron in einer Schüssel gut mischen. Den Honig dazugeben und daraus einen Teig kneten. Am besten klappt es mit den Händen. Den Teig in Frischhaltefolie einschlagen und 24 Stunden im Kühlschrank lagern.

Am nächsten Tag den Teig ausrollen und Teigplatten ausstechen. Vor der weiteren Verarbeitung Schablonen aus Pappe in folgenden Größen zuschneiden: für den Deckel: 10 x 15 cm; für den Boden: 12 x 17 cm; für die langen schmalen

Tipp
Das Honigkuchengewürz kann man selbst aus 6 g Zimt, 2,5 g Anis, 2,5 g Piment, 1,5 g Koriander, 1 g Nelken und 1 Prise Ingwer herstellen.

Seiten: zweimal 5 x 15 cm; und für die schmalen Kopfseiten: zweimal 5 x 10 cm.

Am nächsten Tag den Teig ausrollen und die Teigplatten mit Hilfe der Schablonen zuschneiden. Vor dem Backen das Kuchenblech aufheizen (ca. 80 °C) und dann mit einem Bienenwachsblöckchen einstreichen. Auf dem heißen Blech verteilt sich das Bienenwachs besonders gut. Die sechs Teigplatten auf das ausgekühlte Backblech geben und bei 200 °C (Umluft: 160 °C) ca. 10 bis 15 Minuten backen. Aus den Teigresten kleine Kekse ausstechen (z. B. Herzchen oder Figuren) und mitbacken.

Nach dem Backen die Platten sofort vom Blech nehmen und die Ränder mit dem Messer gerade schneiden.

Die abgekühlten Teigplatten zusammenkleben. Dazu wird das Eiweiß mit dem Puderzucker zu einer zähflüssigen Spritzglasur vermischt. Aus Pergamentpapier eine spitze Tüte formen, die Glasur einfüllen und alle Ränder damit bespritzen. Die Seitenteile auf der Bodenplatte zusammensetzen und die Schachtel mit einem Gummiband fixieren, bis alles getrocknet ist, am besten einen Tag lang. Als Spritztüte kann auch ein Plastikbeutel, an dem eine kleine Ecke abgeschnitten wird, verwendet werden.

Für das Konfekt die Mandeln abziehen und mahlen. Wer sich diese Arbeit ersparen will, kann auch fertig geriebene Mandeln kaufen. Mandeln, Honig, Rosenwasser und Bittermandelöl verkneten, Kugeln formen und in Kakaopulver wälzen. Kugeln in die Schachtel füllen, Deckel auflegen und mit Mandeln und den Honigkuchen-Keksen dekorieren.

Tipp

Am besten gleich so viel Honigkuchen backen, dass auch ein Teil zum Naschen übrig bleibt. Wer die Honigkuchenkiste mitessen will, sollte sie stets staubfrei und trocken lagern, damit sie nicht verdirbt oder verschimmelt.

Die Imkerei liegt Margret Rieger im Blut, denn schon ihr Vater hatte Bienenstöcke im Garten. Trotz zahlreicher Bienenstiche eroberten die Honiglieferanten ihr Herz und auch ein Bienenstich auf dem Teller reizt sie. Kein Wunder, dass sie die Imkerei professionell erlernte. Seit mehr als 20 Jahren ist sie die gute Seele des Bienenkundeinstituts der Landwirtschaftskammer Westfalen-Lippe. Sie betreut – unterstützt von der Auszubildenden Alexandra Jung – vor allem die zahlreichen Hobbyimker der Region, denn die Waben müssen angesichts grassierender Bienenseuchen sorgfältig gepflegt werden.

Auch nach Feierabend lassen die summenden Insekten Margret Rieger nicht los, zu Hause hegt und pflegt sie 26 Bienenstöcke. Außerdem sammelt sie Kaffeetassen, Tischdecken, Kartenspiele oder Mobiles – natürlich mit Bienen. Mehrmals im Jahr öffnet der mobile Marktstand des Bienenkundeinstituts seine Pforten, bestückt mit allem, was die Bienen produzieren: vom Honig bis zur Bienenwachskerze. Was fehlte, war das ideale Verpackungsmaterial. Vor ein paar Jahre kam ihr eine Idee, als sie vertrockneten Honigkuchen in einer Keksdose fand. Nach ein paar Versuchen stand die Honigkuchenkiste auf ihrem Küchentisch.

Und noch einem Hobby frönt Margret Rieger an langen Abenden. Sie erlernte die alte Kunst des Bienenkorbflechtens. Heute bauen keine Bienen mehr ihre Waben darin – sie sind als Handtuchbehälter oder Vorratskorb begehrt.

Marlies Figgener (Oelde)

Kommunionbuchtorte

Für den Teig
- 250 g > Margarine
- 200 g > Zucker
- 2 Päckchen > Vanillinzucker
- 4 > Eier
- 300 g > Mehl
- 2 TL > Backpulver

Für die Füllung
- 1 l > Milch
- 2 Päckchen > Vanillepuddingpulver
- 6 EL > Zucker
- 1 Würfel > Kokosfett
- 250 g > weiche Margarine oder Butter
- 100 g > Puderzucker
- 4–6 EL > Erdbeerkonfitüre
- 1 EL > Kakaopulver

Für die Dekoration
- 100 g > Marzipanrohmasse
- 50 g > Puderzucker
- ca. 3–4 Tropfen > rote Lebensmittelfarbe
- 1 Päckchen > Kuvertüre

Zubereitung

Für den Teig Margarine, Zucker, Vanillinzucker und Eier schaumig schlagen, Mehl und Backpulver vermischen und langsam unterrühren. Den Rührteig auf ein gefettetes oder mit Backpapier ausgelegtes Backblech geben und die Oberfläche möglichst glatt streichen. Im vorgeheizten Backofen bei Ober- und Unterhitze bei 175 °C etwa 25–30 Minuten backen (im Umluftofen: 150 °C).

Währenddessen für die Buttercreme das Puddingpulver mit dem Zucker und etwas Milch vermischen, die übrige Milch aufkochen und die Mischung einrühren. Den Topf vom Herd nehmen, den Würfel Kokosfett im heißen Pudding auflösen, verrühren und kalt stellen; ab und zu umrühren, damit sich keine Haut bildet.

Die weiche Margarine oder Butter mit dem Puderzucker schaumig rühren. Den Pudding

Paula, Friederike, Johanna und Sophie sorgen täglich für Abwechslung im Haus von Marlies und Helmut Figgener. Die älteste Tochter ist zwölf, die Jüngste drei Jahre alt. Fast immer bringen sie Freundinnen mit nach Hause und dann wird gespielt. Besonders beliebt sind Pferdespiele wie „Bollerwagen ziehen“ oder „Pferd an der Longe“. Manchmal nicht ganz einfach: die Entscheidung, wer das Pferd ist und wer die Kommandos geben darf. Wenn man sich gar nicht einigt, hilft Marlies Figgener mit ein paar Keksen weiter und dann sind die Gemüter schnell besänftigt.

Bei ihr dreht sich das meiste um ihre vier Töchter; ein Vollzeitjob, für den sie sich gern engagiert. Sie ist in der Schulpflegschaft, bereitet den Kommunionunterricht vor und bringt ihre vier Töchter zu deren verschiedenen Unternehmungen. Ihre Ausbildung als Wirtschafterin hilft ihr dabei, den Tag gut einzuteilen. Gebacken hat Marlies Figgener schon als Kind gern. Da das viele Bekannte und Freunde wissen, nutzen sie die gute Gelegenheit und bestellen bei ihr Torten und Kuchen für private Feste. Ab und zu nimmt sich Marlies Figgener mal frei von zu Hause. Sie kegelt im Verein und ein Mal im Jahr gönnt sie sich einen Wochenendausflug mit ein paar Freundinnen. „Das muss sein zwischendurch“, sagt sie, „man muss sich selber etwas gönnen, dann kann man auch wieder für die anderen da sein.“

esslöffelweise zur Butter-Puderzucker-Mischung geben. Wichtig: Alles muss die gleiche Temperatur haben, damit die Creme nicht gerinnt.

Den ausgekühlten Boden in der Mitte durchschneiden, sodass zwei gleich große Platten entstehen. Einen Boden mit Erdbeerkonfitüre bestreichen, darauf die erste Schicht Buttercreme verteilen und den zweiten Boden auflegen. Die beiden kürzeren Seiten der Torte schräg nach unten abschneiden (die Torte soll oben schmaler sein als unten und so aussehen wie ein aufgeschlagenes Buch).

Die Seiten der Torte mit Buttercreme bedecken und mit einem gezackten Spachtel Linien hineinziehen (die an die Buchseiten erinnern sollen). Die Oberfläche der Torte mit einer Klarsichthülle abdecken und die Seiten durch ein Sieb mit dem Kakaopulver bestäuben (dabei aufpassen, dass die Oberfläche nichts abbekommt). Danach die Oberfläche mit der Creme bedecken.

Für die Verzierung die Marzipanrohmasse mit Puderzucker und Lebensmittelfarbe verkneten. Kleine Stückchen Marzipan abreißen und zu einer kleinen runden Platte kneten (ca. 2,5 cm Durchmesser). Das werden die Blütenblätter. Eine dieser kleinen Platten zu einer Rolle zusammenrollen. Die nächste Platte daran halten und leicht darum biegen. So verfahren, bis die Rose die gewünschte Größe hat. Je nach Wunsch vier bis sechs Röschen formen und kreisförmig auf die linke Seite der Torte setzen.

Die Kuvertüre in ihrer Plastikverpackung vorsichtig auflösen, dabei nicht zu heiß werden lassen. Nach Packungsanleitung den Ausguss abschneiden. Zuerst die Mitte durch eine gerade Linie aus Kuvertüre markieren, danach nach Belieben das Datum der Feierlichkeit und den Namen mit Kuvertüre schreiben und weiter verzieren.

Kolestan Hajo (Münster)

Kulitscha

Für den Teig
1 kg > Mehl
1 Päckchen > Backpulver
250 g > Zucker
je 1 TL > Muskatnuss, Nelken, Anis, Zimt (alle gemahlen)
je 1 TL > Sesamkörner und Schwarzkümmel oder Mohn
250 g > Margarine
1 Würfel > Hefe
2 > Eier
1/2 l > lauwarme Milch

Für die Füllung
je 50 g > Walnusskerne, getrocknete Feigen, Datteln und Rosinen
1/2 TL > gemahlener Zimt
ca. 1 EL > Margarine

Für die Glasur
1 > Ei

Zubereitung

Für den Hefeteig sollten alle Teigzutaten Zimmertemperatur haben. Die Milch sollte zusätzlich etwas erwärmt werden. Mehl, Backpulver, Zucker, die gemahlenen Gewürze, Sesamkörner und Schwarzkümmel (oder Mohn) in eine große Rührschüssel oder in die Küchenmaschine geben. Die Hefe darüber krümeln, Eier, Margarine und die Hälfte der erwärmten Milch zufügen und alles miteinander verrühren.

Dann die restliche Milch dazugeben und alles noch einmal vermengen, sodass ein glatter Hefeteig entsteht (das geht ziemlich schnell, nicht zu lange rühren). Den Teig zugedeckt an einem warmen, nicht zugigen Ort stehen lassen. Er sollte mindestens fünf Stunden ruhen. Sie können ihn auch am Abend zubereiten und über Nacht stehen lassen.

In der Zwischenzeit die Füllung zubereiten: Die Walnüsse sowie die getrockneten Feigen und Datteln etwas klein schneiden und mit den Rosinen und dem Zimt locker vermischen. In einer großen Pfanne die Margarine bei mittlerer

Kolestan Hajo freut sich immer, wenn Besuch da ist. Und das ist auch gut so, denn sie hat meistens ein volles Haus. Seit 17 Jahren leben die Hajos in Deutschland im Exil und sie haben viele kurdische und deutsche Freunde. Fünf ihrer sieben Kinder wohnen noch zu Hause und so kommen immer noch neue Freunde dazu. Alle ihre Kinder spielen mindestens ein Instrument und häufig wird im zum Tonstudio umfunktionierten Keller gemeinsam musiziert.

Früher hat Kolestan gerne selbst gesungen, heute dichtet sie lieber zusammen mit ihrem Mann Ferusha. „Wir lieben Musik und Gedichte und Geschichten", sagt sie. Gemeinsam sitzen die beiden über ein Blatt Papier gebeugt und diskutieren, in welcher Zeile etwas noch nicht stimmt und verbessert werden muss. Häufig geht es in den Gedichten um ihre Heimat im kurdischen Teil Syriens. Die große Hajo-Sippe lebt weltweit verstreut und viele von Kolestans und Ferushas Verwandten wünschen sich, nach Hause zurückkehren zu können, egal ob sie sich eine Existenz als erfolgreiche Ärzte oder Künstler aufgebaut haben.

Aus ihrer Heimat stammt auch das Festtagsgebäck Kulitscha. Es geht auf das Zusammenleben verschiedener Völker und Religionsgemeinschaften zurück. Ob beim moslemischen Ramadan-Fest, dem christlichen Ostern oder dem jesidischen Bartesme-Fest: Kulitscha steht aus Tradition in jeder Familie auf dem Tisch.

Hitze schmelzen lassen und die Mischung darin einige Minuten anbraten. Dabei umrühren – alle Zutaten sollen erhitzt werden, dürfen aber nicht anbrennen. Dann die Mischung aus der Pfanne nehmen und erkalten lassen.

Wenn der Hefeteig verarbeitet werden kann, ein Stück Teig (etwa so groß wie zwei Fäuste) abstechen und mit den Händen zu einer langen „Wurst" formen. Diese Teigwurst mit einem Nudelholz der Länge nach platt rollen (Länge etwa 30–40 cm, Breite etwa 7 cm); der Teig soll ganz flach sein.

Etwas von der Füllung in die Mitte des Teiges geben. Dann die eine Längsseite des Hefeteiges über die Füllung klappen und das Ganze noch einmal zu einer langen Wurst zusammenrollen. Wieder mit dem Nudelholz der Länge nach ausrollen und dann in etwa vier Zentimeter breite Stücke schneiden.

Die Teigstücke auf ein gefettetes oder mit Backpapier ausgelegtes Backblech legen. Mit einem weiteren Stück Teig wie gerade beschrieben verfahren, bis das Blech voll ist. Das Ei verquirlen und die Oberseite der Teigstücke damit einstreichen. Im vorgeheizten Ofen bei 200 °C Ober- und Unterhitze etwa 20 Minuten backen. Die Teigmenge reicht für vier Bleche.

Tipp

Kulitscha schmeckt besonders gut, wenn es noch etwas warm ist. Das Gebäck hält sich etwa einen Monat, wenn Sie es in einen Stoffbeutel füllen und diesen in eine Plastiktüte packen. Vor dem Verzehren sollten Sie es dann noch einmal ganz kurz in der Mikrowelle oder im vorgeheizten Backofen erhitzen.

Axel Schulß (Münster)

Nusskranz

Für den Mürbeteig
300 g > Weizenmehl
2 gestr. TL > Backpulver
100 g > Zucker
1 Päckchen > Vanillinzucker
3 Prisen > Salz
1 > Ei
2 EL > Milch
125 g > in Stücke gehackte Butter

Für die Füllung
200 g > gemahlene Haselnusskerne
2 EL > Aprikosenmarmelade
100 g > Zucker
1 > Eiweiß
1/2 > Eigelb
1/2 Fläschchen > Bittermandelaroma
4 EL > Wasser
je 50 g > Pinienkerne und gehackte Walnusskerne

Für die Glasur
1/2 > Eigelb
1 EL > Milch

Zubereitung

Für den Mürbeteig die Zutaten mit dem Mixer (Knethaken) grob miteinander verrühren. Dann mit den Händen den Teig zu einer einheitlichen Masse kneten, daraus eine Kugel formen und diese für ca. 15 Minuten in den Kühlschrank legen.

Währenddessen für die Füllung die gemahlenen Haselnüsse, die Aprikosenmarmelade, Zucker, Eiweiß, Eigelb und Bittermandelaroma vermischen. Das Wasser nach und nach dazugeben, bis die Masse streichfähig ist.

Die Arbeitsunterlage mit Frischhaltefolie auslegen (am besten mit zwei Stück Folie arbeiten, damit die Fläche größer wird – die Breite nur eines Stücks ist zu klein). Die Teigkugel darauf legen und etwas flach drücken. Darüber ein neues Stück Folie legen und aus

Die Projekte, die sich Axel Schulß vornimmt, sind langfristig, arbeits- und zeitintensiv und er widmet sich ihnen gründlich und mit Leidenschaft. Axel Schulß ist Künstler. Das heißt bei ihm Maler, Sänger, Liedtexter, Autor von Kinderbüchern, Klangraumexperimentator und Kunstinstallationsveranstalter. Eines seiner Projekte ist seit 1999 das „Ü". Ü steht für Übergang. Axel Schulß nutzt leer stehende Ladenlokale in der Innenstadt und funktioniert sie – bis sich ein regulärer Mieter dafür findet – zur Galerie um. Als das Ü seine vorübergehende Adresse Am Bült in Münster hatte, gab es dort auch Theatervorstellungen.

Als er Lust auf Literatur hatte, machte Axel Schulß aus seiner Lektüre eben eine öffentliche Lesung. Neunzig Abende las er im vergangenen Jahr immer um 18 Uhr aus Marcel Prousts „Auf der Suche nach der verlorenen Zeit" vor. Immer eine Dreiviertelstunde. Das Publikum wurde ausdrücklich gebeten, sich zu melden, wenn eine Passage noch einmal gelesen werden sollte, weil jemand wegen der legendären Satzlänge den Überblick über die Zusammenhänge verlor ... Manchmal unterbrach er allerdings auch selbst den Vorlesefluss mit einem: „Das muss ich noch mal lesen, wie war da noch der Anfang?"

Die Geschichte des Ü zu schreiben, ist sein neues großes Projekt. Sie soll als Buch veröffentlicht werden. Und weil Axel Schulß auch Musiker ist, nimmt er passend dazu eine CD auf. Man kann schon darauf gespannt sein – und darauf, was er sich als nächstes vornimmt.

dem Teig ein Rechteck von etwa 45 x 35 cm ausrollen. Die oberste Folie abziehen und die Füllung gleichmäßig auf dem Teig verstreichen. Pinienkerne und gehackte Walnüsse darüber verteilen.

Nun den Teig vorsichtig und eng mit Hilfe der Folie aufrollen, sodass eine lange Wurst entsteht (Vorsicht: Die Folie nicht mit einrollen!). Die Enden zudrücken, damit die Füllung nicht herausfällt.

Ein Backblech einfetten, neben die Teigrolle stellen und die Rolle auf das Blech heben. Die Enden der Teigwurst u-förmig etwas umbiegen. Das Eigelb mit der Milch verrühren und den Nusskranz damit von allen Seiten einpinseln. Für ca. 45 Minuten im Umluftofen bei 150–160 °C backen (bei Ober- und Unterhitze den Ofen vorheizen und den Kranz bei ca. 180 °C backen).

Bruno Balster
(Steinfurt-Borghorst, „Was Mann so kocht“)

Printenauflauf mit Apfel-Zimt-Schaum

Für den Printenauflauf
50 g > Butter
3 > Eigelb
25 g > Puderzucker
25 g > Bitterschokolade
6 > Eiweiß
30 g > Zucker
50 g > gemahlene Mandeln
3 g (1/4 TL) > Printen- oder Lebkuchengewürz
25 g > zerlassene Butter

Für den Apfel-Zimt-Schaum
1/4 l > Apfelsaft
3 > Eigelb
ca. 1/4 TL > gemahlener Zimt

Tipp
Sehr gut passt dazu auch halbsteif geschlagene Sahne und / oder Vanilleeis.

Als Bruno Balster mit dem Segeln begann, war er noch Student. Für ihn war diese „Erweiterung von Camping" mit einem Gefühl von Freiheit verbunden. Häufig fuhr er zum Segeln nach Holland und dort begann auch seine weiteste Tour, die über England nach Norwegen führte. Zusammen mit Kommilitonen und Schülern gründete er damals die „Segelsport Gemeinschaft Stormvogel". Mittlerweile ist der Verein 33 Jahre alt und zählt etwa 200 Mitglieder. Auf einem gemieteten Baggersee in der Nähe von Steinfurt wird der Nachwuchs trainiert.

Bruno Balster arbeitet besonders gerne mit Jugendlichen, das macht er aber auch sonst im Leben, denn er ist von Beruf Lehrer. Wenn er einfach nur mal ausspannen will, dreht er eine kleine Runde um den See und lässt es sich dann auf der Terrasse vom Vereinshaus bei einer Tasse Tee gut gehen.

Besonders im Winter, wenn die Boote alle im Bootshaus bleiben, pflegt er sein zweites Hobby: das Kochen. Regelmäßig bietet er für Männer den Kurs „Was Mann so kocht" in der Familienbildungsstätte in Borghorst an.

Bruno Balster erinnert sich noch gut an einen Kochkurs, den er selber vor Jahren als Teilnehmer besuchte. Dort war er der einzige Mann und durfte „nix machen". In seinem Kurs muss jeder ran. Beim Abschlussessen dürfen dann die Frauen probieren, was ihre Liebsten gelernt haben.

Zubereitung

Für den Printenauflauf die Butter, die Zimmertemperatur haben sollte, schaumig rühren. Die Eigelbe und den Puderzucker ebenfalls schaumig rühren und anschließend mit der Butter vermischen.

Die Bitterschokolade in kleine Stücke hacken und in einem Gefäß im Wasserbad schmelzen lassen. Die geschmolzene Schokolade etwas abkühlen lassen und dann unter die Eier-Butter-Masse rühren. Die Eiweiße sehr steif schlagen, dabei den Zucker einrieseln lassen. Den Eischnee mit den Mandeln und dem Printengewürz vorsichtig unter die übrige Masse heben.

Den Backofen auf 220 °C vorheizen. Eine große Auflaufform halbhoch mit Wasser füllen und auf die unterste Schiene in den Backofen stellen (ersatzweise kann man auch eine Fettpfanne statt einer Auflaufform benutzen).

Fünf kleine hitzebeständige Portionsförmchen (ersatzweise Steinguttassen) mit der zerlassenen Butter auspinseln, die Auflaufmasse bis zum Rand hineinfüllen, ins Wasserbad im Ofen stellen und etwa 15 Minuten backen. Die Aufläufe gehen beim Backen etwas hoch und vergrößern sich etwa um ein Drittel ihres Volumens. Sie sind gar, wenn bei einem Probeanstich mit einem dünnen Holzstäbchen nichts daran hängenbleibt.

In der Zwischenzeit den Apfelsaft mit den Eigelben und dem gemahlenen Zimt in einem Gefäß im Wasserbad zu einer dicklich-schaumigen Masse aufschlagen.

Die Printenaufläufe auf große flache Teller stürzen, den Apfel-Zimt-Schaum daneben gießen und mit etwas gemahlenem Zimt bestäuben.

Anni Loddoch (Leimsfeld / Borghorst)

Spaghettitorte

Für den Teig
2 > Eier
2 EL > warmes Wasser
75 g > Zucker
1 Päckchen > Vanillezucker
50 g > Mehl
50 g > Speisestärke
1 TL > Backpulver

Für den Belag
200 ml > Schlagsahne
1 Päckchen > weiße gemahlene Gelatine
30 g > Zucker
1 Glas > Vanillejoghurt (500 g)
1 Päckchen > rote Götterspeise
100 g > Zucker
350 ml > Wasser
1 Päckchen > Vanillepuddingpulver ohne Kochen
400 ml > Schlagsahne
ca. 5 EL > rote Grütze oder Preiselbeeren aus dem Glas
1/2 Tafel > weiße Schokolade

Zubereitung

DEN BACKOFEN auf 175 °C vorheizen. Die Eier mit dem warmen Wasser, Zucker und Vanillezucker aufschlagen, bis der Zucker sich aufgelöst hat. Mehl, Speisestärke und Backpulver mischen und darüber sieben. Mit dem Schneebesen unterheben und den Teig in eine mit Backpapier ausgelegte Springform (26 cm Durchmesser) geben. Den Boden etwa 20–30 Minuten backen, dabei darauf achten, dass er nicht zu dunkel wird.

WENN DER TORTENBODEN ausgekühlt ist, die erste Lage des Belags vorbereiten: Die Sahne steif schlagen. Die Gelatine und den Zucker zusammen in Wasser einweichen und dann auflösen. In der Zwischenzeit Sahne und Vanillejoghurt mit dem Schneebesen verrühren. Wenn die Gelatine aufgelöst ist, verrühren Sie sie zunächst mit 2–3 EL Joghurtsahne.

Danach diese Mischung mit dem Schneebesen unter die restliche Joghurtsahne ziehen. Den Tortenboden in einen flexiblen Tortenring spannen, die Masse darauf geben und glatt streichen. Die Torte für etwa zwei Stunden in den Kühlschrank stellen, damit sie fest wird.

Für die zweite Lage Götterspeise, Zucker und Wasser etwa 5 Minuten quellen lassen und anschließend leicht erhitzen. Dabei umrühren und die Flüssigkeit vom Herd nehmen, noch ehe sie zu dampfen beginnt. Die Götterspeise abkühlen lassen und auf die Joghurtschicht auftragen, wenn sie anfängt zu gelieren, aber noch etwas flüssig ist. Die Torte wieder kühl stellen.

Wenn die Götterspeise erstarrt ist (das dauert etwa 15 Minuten), die dritte Lage vorbereiten: Das Puddingpulver mit der Sahne aufschlagen und die Creme in einen kleinen Gefrierbeutel füllen. Mit einer Schere eine Ecke des Beutels abschneiden, sodass eine feine Spritztülle entsteht. Nun die Vanillecreme wie Spaghetti auf die Torte spritzen.

Darüber einige Kleckse der roten Grütze oder der Preiselbeeren geben (das ist die Tomatensoße). Zum Schluss die weiße Schokolade darüber reiben (das ist der Käse).

Eigentlich wohnt Anni Loddoch im hessischen Leimsfeld, aber seit ihre Tochter Ingrid vor etwa 25 Jahren nach Borghorst gezogen ist, kommt sie sechs bis sieben Mal im Jahr mit ihrem Mann ins Münsterland. Sie genießen es, Fahrrad zu fahren und spazieren zu gehen, ohne sich auf Berge herauf- und wieder herunterarbeiten zu müssen. Inzwischen ist Borghorst ihre zweite Heimat geworden.

Eine Handarbeit muss immer mit, wenn Anni Loddoch die Familie ihrer Tochter besucht. Die Schwälmer Stickerei, erzählt sie, ist in ihrer Gegend in Hessen sehr verbreitet. „Das war früher üblich, dass die guten Sachen an der Tracht und auch die Wäsche in mühseliger Kleinarbeit bestickt wurden." Bei einer Tischdecke kommen hunderte von Stunden zusammen. Verkaufen mag sie ihre Decken nicht, sie verschenkt sie lieber an Tochter Ingrid und Enkelin Sabrina.

Das zweitliebste Hobby von Anni Loddoch ist das Backen, schon als Kind hat sie damit angefangen. Die Begeisterung dafür hat sich auf ihre Tochter Ingrid übertragen, die für das Kuchenbuffet den „Eierlikörkuchen mit Heidelbeeren" beisteuerte (Kuchenbuffet 2) und bei den Aufnahmen dafür die Backkünste ihrer Mutter lobte. Natürlich mussten die genauer in Augenschein genommen werden und so fand sich schließlich Anni Loddoch in der Küche ihrer Tochter wieder, beim Spaghettitorte-Backen.

Ida Exler, Elisabeth Bussmann und Elisabeth Bödding (Steinfurt)

Waldmeistertorte

Für den Boden
250 g > Butterkekse
200 g > Butter
500 g > Erdbeeren

Für die Füllung
2 Päckchen > Waldmeister-götterspeise (für je 500 ml Wasser)
1/8 l > Wasser
50 g > Zucker
2 TL > Vanillezucker
250 g > Sahne
250 g > Frischkäse
3 EL > frische Waldmeister-blätter
1/8 l > Waldmeistersirup

Für die Spiegelglasur
1 Päckchen > Waldmeister-götterspeise
1 EL > Zucker
200 ml > Wasser
200 ml > Waldmeistersirup

Für die Dekoration
200 g > Sahne
1 Päckchen > Sahnesteif
150–200 g > Erdbeeren
> Waldmeisterblättchen
100 g > geröstete Mandelblättchen

Diese Torte hat es in sich: Waldmeister, ein wild wachsendes Würzkraut mit dem charakteristischen Aromastoff Kumarin. Dabei kommt es auf die Dosis an: Zu viel ist Gift für den Körper, wohl dosiert ist Waldmeister ein Genuss. Frisch geerntet ist er die Hauptzutat der Maibowle. Sie inspirierte Elisabeth Bödding und ihr Landfrauenserviceteam zu experimentieren und heraus kam eine Spezialität fürs Kuchenbuffet: eine rot-grüne Koalition aus Erdbeeren und Waldmeister. Sie ist zwar nicht der Renner in der Kuchenhitliste, aber eine Spezialität, die für Überraschung beim Kaffeetrinken sorgt.

Im Team ist Ida Exler (links im Bild) fürs Backen zuständig. Erst arbeitete sie nur aushilfsweise, heute gehört sie zum Stamm der Mannschaft. Genau wie Elisabeth Bödding wohnt sie auf einem Hof in direkter Nachbarschaft – die ideale Entfernung, um Pferdehof zu Hause und Arbeit zu verbinden.

Für die Logistik sorgt Elisabeth Bussmann (rechts im Bild). Sie organisiert die Fahrten, denn acht Menüs an einem Wochenende auszuliefern und das Geschirr wieder einzusammeln, muss bis auf die Minute geplant sein. Perfekte Logistik ist auch gefragt, wenn sie ihre drei Kinder, die sich im Schwimmsport engagieren, zum Sport fährt. Organisiert hat Elisabeth Bödding mittlerweile eine komplette Profiküche, Vorratsräume und ein Büro, denn der Landfrauenservice ist längst kein Hobby mehr, sondern ein gefragter Menüservice, der für Qualität bürgt und Gäste professionell umsorgt.

Zubereitung

Für den Boden die Butterkekse mit einer Teigrolle in einem Plastikbeutel zerbröseln. Die Brösel mit der weichen Butter verkneten. Einen Tortenrand (es klappt auch mit dem Rand einer Springform, 26 cm Durchmesser) auf eine Glasplatte stellen, den Teig darin verteilen und fest andrücken. Die Erdbeeren waschen, halbieren und auf den Teig legen.

Für die Füllung das Götterspeisepulver im Wasser auflösen, den Zucker und Vanillezucker dazugeben und kurz erwärmen – am besten in der Mikrowelle –, bis sich alles gelöst hat. Dann noch einmal umrühren und auskühlen lassen.

Jetzt die Sahne steif schlagen. Den Frischkäse und die klein gehackten Waldmeisterblätter mit dem Sirup verrühren und zum aufgelösten Götterspeisepulver geben. Die Sahne unterrühren. Die Masse auf dem Erdbeerboden verteilen und den Kuchen im Kühlschrank fest werden lassen.

Für die Glasur Zucker und Götterspeisepulver im Wasser auflösen und kurz – am besten in der Mikrowelle – erwärmen, den Waldmeistersirup dazu geben, vorsichtig auf den Kuchen gießen und im Kühlschrank fest werden lassen.

Dann die Sahne mit dem Sahnesteif schlagen, den Tortenrand lösen und den Kuchen mit Sahnetupfern garnieren. Darauf eine halbe Erdbeere und Waldmeisterblättchen legen. Den Kuchen rundherum ebenfalls mit geschlagener Sahne und gerösteten Mandelblättchen verzieren.

Irmgard Kraft und die Kindergartenkinder des Natur-Kinder-Hauses (Drensteinfurt)

Apfelkrümelchen

Zutaten für 8 Personen
8 mittelgroße > Äpfel (möglichst eine säuerliche Sorte, die nicht zu Mus zerkocht)
200 g > Marzipanrohmasse
1/4 l > Apfelsaft
etwas > Butter

Für die Krümel
200 g > Vollkornmehl
50 g > geriebene Mandeln
100 g > brauner Zucker
1–2 > TL Zimt
1 Prise > Salz
150 g > Butter

Es ist fast wie zu Hause. Wenn der Hunger sich meldet, stürmen 35 Kinder in die Küche, um in Irmgard Krafts Töpfe zu schauen. Der Unterschied: Ihr Herd im Kindergarten ist doppelt so groß wie zu Hause, denn auch die Erzieher schätzen das gemeinsame Menü.

Im Natur-Kinder-Haus in Drensteinfurt fühlen sich bereits Wickelkinder wohl. Sie werden hier bis zum Schulbeginn ganztags betreut. Da Kindergartenplätze vor einigen Jahren knapp waren, gründeten Eltern das Haus in Eigeninitiative. Ihr Wunsch: viel Platz und kleine, familienähnliche Gruppen. So hat jede Gruppe ihre eigene Miniküche, in der gefrühstückt und Müsli selbst zubereitet wird – mal mit, mal ohne Nüsse. So kann jede Gruppe Esswünsche erfüllen und auf Allergiker Rücksicht nehmen. Auf dem Speiseplan stehen möglichst Lebensmittel aus ökologischem Anbau und Produkte aus der Region. So hat Irmgard Kraft zwar mehr Arbeit, aber es macht auch Spaß, etwas Eigenes, Neues auszuprobieren. Schließlich heißt das Motto des Kindergartens: beobachten, erkunden, ausprobieren. Reichlich Gelegenheit dazu bietet das große Außengelände mit Matsch-Ecke, Blumenbeeten, Klettergerüsten und Bäumen. Im Herbst ist Apfelerntezeit und dann glüht der Backofen, denn Apfelkrümelchen sind das Lieblingsrezept aller. Anna-Lena, Sophie, Eva und Chloe tauschen dann ihre heißgeliebte Spielecke mit der Schürze, um beim Backen zu helfen – Naschen inbegriffen, denn die Krümel und Äpfel schmecken auch roh.

Zubereitung

Zuerst die Äpfel schälen und die Kerngehäuse ausstechen. Den Boden einer Auflaufform mit Butter bestreichen. Äpfel in die Form setzen. Die Marzipanrohmasse zu acht kleinen Röllchen formen und die Äpfel damit füllen. Butterflöckchen aufsetzen und den Apfelsaft über die Äpfel gießen.

Für die Krümel Mehl, Mandeln, braunen Zucker, Zimt und Salz in einer Rührschüssel mit dem Handmixer und dem Knethaken vermischen. Butter schmelzen und in die vermischten Zutaten gießen. Nochmals gut verkneten. Die Krümel über die Äpfel geben.

Die Form in den kalten Backofen schieben. Etwa 30 Minuten bei 200 °C Ober- und Unterhitze (Umluft: 180 °C) backen. Nach 15 Minuten Backzeit mit Alufolie abdecken, damit die Krümelmasse nicht zu dunkel wird.

Heiss servieren, je nach Geschmack mit Vanillesoße oder Vanilleeis.

Stephanie Steverding-Werner (Bocholt-Hemden)

Eierlikörkuchen im Glas

Für den Teig
10 > Eier
480 g > Zucker
1/2 l > Eierlikör
1/2 l > Öl
4 Päckchen > Vanillinzucker
500 g > Mehl
2 Päckchen > Backpulver
200 g > gemahlene Mandeln
etwas > Margarine

Backzubehör
4 > 1,5-Liter-Einmachgläser, die durchgehend glatt sein sollten und sich am oberen Rand nicht verengen
> Einmach-Gummiringe, Einmachklammern und Einmachkessel

Landleben pur – für Stephanie Steverding-Werner kein Traum, sondern Alltag. Sie hat sich gegen Büroarbeit und für Familie und Hof entschieden. Das ist ein wenig Idylle, aber vor allem viel Arbeit. Es ist kein Bauernhof im klassischen Sinn, sondern ein alter Hof, den die Familie kaufte und allmählich renovierte. In den Ställen tummelt sich eine bunte Schar von Zwei- und Vierbeinern. Von Anfang an dabei: „Tante Horst“ und „Frau Ziesemeyer“, liebe Verwandte, die bei der Namengebung der Schweine Pate standen. Sie haben Familienanschluss und ans Schlachten denkt niemand. An Nachwuchs schon eher und der Nachwuchs der anderen Schweine landet per Direktvermarktung als Schnitzel in der Pfanne der Kunden. Ab Hof gibt es noch Hähnchen und Eier. Gefragt sind vor allem die grünen Eier, denn Stephanie Steverding-Werner legt Wert auf einen Geflügelhof, wo Hahn und Henne durch den Garten spazieren.

Doch das alleine füllt den Tag von Stephanie Steverding-Werner nicht aus. Sie malt und näht gerne. Karnevalskostüme sind ihre Spezialität: Ob Indianer oder Hahn – ihre Kostüme sehen täuschend echt aus. Sie gewann in den letzten 15 Jahren immer einen Preis.

Im Sommer hat sie ein anderes Hobby: Die Jugendarbeit im örtlichen Angelverein liegt ihr am Herzen ebenso wie ihre beiden Kinder, die hier aufwachsen und Landwirtschaft hautnah miterleben. Gartenarbeit und Kochen gehören dazu. Unverhoffte Gäste müssen nicht hungern: Für sie gibt es Eierlikörkuchen – Vorrat für alle Fälle.

Zubereitung

Für den Teig die Eier in einer Schüssel aufschlagen, Zucker, Öl, Eierlikör und Vanillinzucker dazugeben und einmal kurz durchrühren. Dann Mehl und Backpulver portionsweise hinzugeben und alles gut verrühren, bis ein glatter Rührteig entsteht.

Die Einmachgläser spülen, ausfetten und mit Mandeln ausstreuen. Die Gläser zu drei Vierteln mit Teig füllen, dann den Rand gut säubern, sodass er fettfrei ist.

Die Gummiringe darauf legen, mit den Deckeln verschließen und mit Einmachklammern fixieren. Die Gläser in den Einmachkessel stellen, mit Wasser füllen, sodass die Gläser zu gut drei Viertel bedeckt sind, und 90 Minuten bei 90 °C einkochen.

Wer keinen Einmachkessel hat, kann auch den Backofen benutzen. In diesem Fall die Fettpfanne mit Wasser füllen, die Gläser hineinstellen und bei 200 °C Unterhitze 90 Minuten einkochen.

Tipp

Einmal anrühren und 16 oder 20 Gläser füllen, das geht schnell. Das Problem sind die alten Einmachgläser mit glatten Rändern, ohne Ausbuchtung am Rand. Sie werden kaum noch hergestellt. Der Tipp unserer Bäckerin: regelmäßig auf Flohmärkten stöbern oder in alten Kellern suchen.

Der fertige Kuchen sollte vor dem Öffnen gut auskühlen. Im verschlossenen Glas ist er bis zu einem halben Jahr lang haltbar.

Gerti Rave (Coesfeld-Stevede)

Kalte Schnauze

250 g > Plattenfett, z.B. Kokosfett
2 > Eier
250 g > Zucker
50–75 g > Kakao (nach Geschmack)
1 EL > gemahlener Kaffee
1 Prise > Salz
1 EL > Rum
ca. 25 > Butterkekse

Für die Dekoration
1 kleines Päckchen > Pistazien
10–15 > Maraschino-Kirschen
> Mandeln

TIPP
Für Kinder sollte man die alkoholhaltigen Maraschino-Kirschen durch einfache Belegkirschen ersetzen

Zubereitung

DAS FETT langsam schmelzen lassen. Eier und Zucker schaumig rühren. Kakao, Salz, gemahlenen Kaffee und Rum vorsichtig dazugeben.

NACH UND NACH das erkaltete, noch flüssige Fett unterrühren. Eine Kastenform mit Backpapier auslegen.

ABWECHSELND eine Schicht nebeneinander gelegte Kekse und Kakaomasse hineinfüllen, beginnend mit den Keksen. Die oberste Schicht schön glatt streichen. Dann für einige Stunden in den Kühlschrank stellen und fest werden lassen.

DEN FERTIGEN KUCHEN aus der Form heben. Wer möchte, kann die „Kalte Schnauze" mit gestifteten Mandeln, Maraschino-Kirschen und Pistazien garnieren.

TIPP
Die Kalte Schnauze schmeckt am besten eisgekühlt – mit Kirschen und Vanille-Eis.

Wenn Camper Appetit auf Kuchen haben, dann wird es knifflig: Backöfen sind im Zelt oft Mangelware. Die Alternative: backen im Kühlschrank. Das Rezept ist alt und tausendfach getestet: Kalte Schnauze. Die Zutaten gibt's in jedem Dorfladen: Kekse, Schokolade und Fett und dann benötigt man nur noch einen gut funktionierenden Kühlschrank, für Luxuszelt- und Wohnwagenbesitzer kein Problem. Das einzige Problem für viele: Die Kalte Schnauze enthält viele Kalorien, aber das stört Familie Rave nicht.

Vater und Tochter mögen sie und zu jedem Geburtstag gehört dieser Lieblingskuchen einfach dazu. Mittlerweile verbringen Gerti Rave und ihre Familie fast die komplette Freizeit im Wochenend- und Freizeitpark „Waldfrieden" in Coesfeld-Stevede. Sie wohnen in Herten und es gibt nichts Schöneres, als am Wochenende die Wohnung zuzuschließen und ins Grüne zu fahren. 1984 pachteten sie ein kleines Grundstück. Zuerst stand hier nur ein Wohnwagen mit Vorzelt. Nach und nach wurde daraus ein festes Wochenendhaus mit Garten und Planschbecken im Sommer. Mittlerweile haben hier fast 350 Gäste ihre Zelte aufgeschlagen. Sie genießen das Landleben mit viel frischer Luft und legen die Füße im Liegestuhl nach anstrengendem beruflichen Alltag mit vielen Dienstreisen hoch. Aber einmal Jahr packen sie doch ihre Koffer, denn eine richtige Urlaubsreise an die See oder ins Gebirge muss sein.

Dieter Sökeland und Martin Arenhövel (Sassenberg)

Königskuchen

2–3 Platten > Tiefkühl-Blätterteig
etwas > Fett
5 > Eigelb
70 g > Zucker
2 cl > Rum
1 EL > frisch gepresster Zitronensaft
1 > Vanilleschote
5 > Eiweiß
70 g > Zucker
1 Prise > Salz
150 g > Weizenmehl
80 g > sehr kalte Butter
80 g > Rosinen
40 g > Mandelstifte
40 g > Sukkade
1 EL > Hagelzucker
1 EL > Mandelstifte zum Bestreuen

Zubereitung

Die Blätterteigplatten nach Packungsanweisung auftauen lassen.

Eine mittlere Kastenform (passend, um z. B. Weißbrot von 750 g Gewicht darin zu backen) ausfetten. Eine Blätterteigplatte dünn ausrollen und zunächst eine lange Seite der Form damit auskleiden, den Boden noch aussparen. Den oben überstehenden Rand abschneiden. Die nächste Platte ausrollen und die andere lange Seite und den Boden damit bedecken, den Rand abschneiden. Die dritte Platte in zwei Hälften teilen, ausrollen und die schmalen Seiten damit bedecken. Die Platten sollen nicht übereinander liegen; sich überlappende Teigstellen passend abschneiden.

Für den Teig Eigelbe, Zucker, Zitronensaft und Rum in eine schmale Rührschüssel geben. Die Vanilleschote mit einem scharfen Messer der Länge nach aufschlitzen, das Mark herauskratzen und zum Eigelb geben. Die Zutaten mit dem

Tipp
Die restliche Vanilleschote mit 500 g Zucker in ein gut schließendes Gefäß geben und ein paar Tage durchziehen lassen. Das gibt Vanillezucker.

Nach dem schönsten Erlebnis während seiner Zeit als Schützenkönig gefragt, antwortet Dieter Sökeland wie aus der Pistole geschossen: „Das ist der Moment, wo der Vogel fällt, und man dieses Glücksgefühl hat, jetzt das Ziel erreicht zu haben, endlich Schützenkönig in Sassenberg zu sein." Beim Schützenfest 2001 schoss er den Vogel ab – für ihn eine besondere Ehre, denn 75 Jahre zuvor traf sein Großvater das hölzerne Federtier und so handelte es sich nun um ein Familienjubiläum. Das Sassenberger Schützenfest ist das größte im Münsterland. 1800 Mitglieder zählt der Verein und für viele von ihnen ist das Schützenfest das wichtigste Fest des Jahres – ungefähr so wie Ostern und Weihnachten zusammen.

Martin Arenhövel war ein Jahr lang als Zeremonienmeister der Mann an Dieter Sökelands Seite. Zu seinen Aufgaben gehörte auch das Umhängen und Richten der immensen silbernen Kette mit den Orden aller noch lebenden Schützenkönige daran. Sie wiegt mehrere Kilo und wird nur zu besonderen Anlässen getragen. Für die holt der Zeremonienmeister das Schmuckstück aus dem Bankschließfach und komplettiert damit das volle Ornat des Schützenkönigs. Assistiert hat Martin Arenhövel auch beim Backen für das Kuchenbuffet. Denn eigentlich stammt das Rezept aus seiner Bäckerei. So hatte Dieter Sökeland doppelt Glück: Er war Schützenkönig von Sassenberg und kann nun seinen eigenen Kuchen backen: Königskuchen.

Mixer gründlich aufschlagen. Es soll eine luftige, cremige Masse entstehen.

Anschliessend Eiweiß, Zucker und Salz zu einem cremigen Eischnee schlagen; er soll steif, aber nicht schnittfest sein.

Ein grosses Stück Pergamentpapier auf der Arbeitsfläche ausbreiten und das Mehl darauf schütten. Die Butter in möglichst kleine Stücke schneiden und dabei auf das Mehl fallen lassen.

Mit dem Mixer erst ein Drittel des Eischnees unter die Eigelbmasse rühren; die Masse soll ganz glatt sein (es dürfen keine „Eiweißnester" zu sehen sein). Dann den restlichen Eischnee nach und nach unterziehen, sodass ein glatter Teig entsteht.

Die Mehl-Butter-Mischung, Rosinen, Mandeln und Sukkade zu der Eimasse geben und nur locker mit einem Teigschaber unterheben. Der Teig soll eine luftige Konsistenz haben. Diese Masse in die Kastenform gießen.

Aus dem übrig gebliebenen Blätterteig etwa ein Zentimeter breite und zehn Zentimeter lange Streifen schneiden und damit ein beliebiges Muster auf der Kuchenoberfläche legen.

Zum Schluss mit Hagelzucker und Mandelstiften bestreuen und dann bei 180–200 °C in etwa 50 Minuten goldbraun backen.

Karen und Margot Hussmann (Münster)

Jecke Krapfen

2 > Eier
125 g > Zucker
200 g > Quark
6 EL > Öl
2 Päckchen > Vanillezucker
250 g > Mehl
knapp 2 TL > Backpulver
ca. 150 g > Rosinen
etwas > Milch
> Fett zum Ausbacken
> Puderzucker

Zubereitung

Für den Teig die Eier mit dem Zucker verschlagen. Quark, Öl, Vanillezucker, Mehl und Backpulver nach und nach hinzufügen.

Dann die Rosinen – wer mag, kann sie vorher in Rum einlegen – und so viel Milch dazugeben, dass der Teig reißend vom Löffel fällt.

Teelöffelweise in ca. 180 °C heißes Fett geben. Einmal wenden und ausbacken. Anschliessend mit Puderzucker bestreuen.

Was ist genauso schön wie ein Sechser im Lotto? Ein Haupttreffer im Preisausschreiben! Karen Hussmann traf ins Schwarze: Sie gewann das Hochzeitspreisrätsel einer großen Boulevardzeitung. Sie und ihr Oli werden den Hochzeitstag im April nie vergessen. Die Hochzeit fand auf den Seychellen statt. Der Verlag organisierte eine Traumreise – auch für Eltern und Schwiegereltern – inklusive Hochzeitskleid und Flitterwochen.

Im Alltagsleben ging's für beide weiter wie bisher. Seit 26 Jahren ist Karen Hussmann begeisterte Tänzerin. Ihr Hobby: der Garde- und Funkenmariechen-Tanz, mittlerweile eine Sportart, die viel Kondition erfordert. Mit der Tanzgruppe der Karnevalsgesellschaft „Schlossgeister“ war sie sehr erfolgreich, sie gewannen westfälische Meisterschaften und nahmen an den deutschen Meisterschaften teil. Mittlerweile ist Karen Hussmann Trainerin, denn ihr Herz gehört der Truppe. Einziger Wermutstropfen: Trotz ihrem deutsch-niederländischen Studium der Sprach-, Kommunikations und Medienwissenschaften gestaltet sich die Arbeitsplatzsuche schwierig.

Volle Unterstützung bei Hobby und Beruf erhält Karen Hussmann durch ihre Mutter Margot. Deren Entscheidung, die Tochter bereits mit sechs Jahren zum Karnevalsverein mitzunehmen, erwies sich als goldrichtig. Margot Hussmann und ihr Mann sind gebürtige Rheinländer und mittlerweile auch echte westfälische Jecken. Aber trotzdem: Eine Reise nach Köln zur fünften Jahreszeit muss sein. Dafür schließt sie gerne ihre Kosmetikpraxis.

Andrea Dickbertel und Antje Kley (Münster)

„Lokalzeit unterwegs"-Kuchen

Für den Boden
4 > Eier
125 g > Zucker
125 g > gemahlene Haselnüsse
125 g > geraspelte Schokolade

Für den Belag
2 große Gläser > Sauerkirschen (Abtropfgewicht je 370 g)
2 Päckchen > Schokoladenpudding ohne Kochen
400 ml > Milch
1–2 Fläschchen > Rumaroma (oder ein Schuss echter Rum)
2–3 EL > geraspelte Schokolade

Für die Dekoration
> Schokostreusel
> Zuckerschrift
> Schokoplättchen

TIPP
Wenn die Torte im Kühlschrank nicht richtig fest wird, stellen Sie sie kurz (ca. 30 Minuten) in den Gefrierschrank.

„Lokalzeit unterwegs" ist eine der ältesten Serien in der Lokalzeit Münsterland des WDR, älter als das Kuchenbuffet. Und jeden Freitag besuchen Antje Kley oder Andrea Dickbertel kleine Orte im Münsterland. Manches Kleinod wurde dabei entdeckt: vom Holzschuhmacher bis zum Pferdezüchter, vom Schlossherrn bis zum Bauernlädchen.

Davon profitiert auch das Kuchenbuffet: So entdeckte Antje Kley, die eigentlich lieber Salziges als Süßes mag, einen neuen Lieblingskuchen: den Kuchen im Glas. Ein Anruf genügte und schon war das Kuchenbuffet-Team unterwegs.

Beide Reporterinnen essen zwar gerne, aber fürs Kochen und Backen bleibt wenig Zeit. Andrea Dickbertel beispielsweise kann bei Philadelphiatorte nicht Nein sagen, Antje Kley mag Rotweinkuchen.

Dass sie beide einmal vor der Kamera agieren würden, hatten sie während ihres Studiums nicht gedacht. Bei beiden waren der Zufall und gute Freunde mit im Spiel. Ihr Motto: Probier's doch mal und bewirb dich! Gesagt – getan, Fortbildungen besucht und heute ist die Arbeit Routine, obwohl etwas Lampenfieber noch manches Mal dabei ist.

Da braucht man ein Hobby zum Abschalten. Antje Kley joggt oder radelt am Kanal entlang. Das Schönste danach ist: ausruhen und auf dem Sofa kuscheln, auch ihre Katzen können gar nicht genug davon bekommen. Etwas größer sind die Lieblingstiere von Andrea Dickbertel: Sie liebt Pferde und den Reitsport, der leider etwas zu kurz kommt, wenn mal wieder ein Film fertig werden muss ...

Zubereitung

Für den Teig die Eier schaumig rühren, nach und nach den Zucker einrieseln lassen, dann die Haselnüsse und die geraspelte Schokolade dazugeben. Alles gut verrühren.

Den Teig in eine gefettete Springform (26 cm Durchmesser) geben und bei 150 °C im Umluftherd ca. 60 Minuten backen (bei Ober- und Unterhitze ca. 170 °C).

Anschliessend die Sauerkirschen abtropfen lassen, den Saft dabei auffangen und einige Kirschen für die Dekoration zurücklassen.

Den Pudding nach Anleitung zubereiten, dabei ein Drittel (200 ml) der auf der Packung angegebenen Milch durch Kirschsaft ersetzen. Den Kirschsaft aber erst zugeben, wenn das Puddingpulver mit der Milch angerührt ist. Schließlich das Rumaroma und die geraspelte Schokolade unterrühren.

Die Kirschen auf dem ausgekühlten Boden verteilen, die Creme darüber verteilen – den Tortenrand nicht vergessen – und kalt stellen. Wenn die Creme fest geworden ist, die Torte je nach Geschmack garnieren.

Bernhard Thies und Theo Wilmink (Neuenkirchen)

Möhrentorte

Für den Teig
3 > Eier
60 g > Honig
70 g > Weizengrieß
70 g > gemahlene Haselnüsse
35 g > Weizenvollkornmehl (Type 1050)
1/2 > Vanilleschote
160 g > Möhren
3 > Eiweiß
1 EL > Zucker
1 TL > abgeriebene Schale einer unbehandelten Zitrone
1 TL > abgeriebene Schale einer unbehandelten Orange

Für die Dekoration
1/4 l > Sahne
> ganze Haselnüsse
> Zitronenmelisse

Möhren und Torte, das passt nicht. Wer aber einmal Möhrentorte probiert hat, der greift immer wieder gerne zu. Diese Erfahrung machen Bernhard Thies (auf dem Foto zu sehen) und Theo Wilmink, wenn sie ihre Gäste in Restaurant und Hotel mit neuen Kreationen überraschen. Sie entdecken aber immer wieder, dass die Geschmacksnerven der Gäste wenig geschult sind. Beide Köche nehmen deshalb schon ihre Kinder mit in die Küche und lassen sie probieren – wenn möglich, alle Zutaten im rohen Zustand.

Um die Gäste von morgen wieder auf den Geschmack zu bringen, ließen sich Bernhard Thies und Theo Wilmink etwas einfallen. Als Mitglieder der europäischen Spitzenköche-Vereinigung „Eurotoques" entwickelten sie eine Genussschule für Kinder. Wer weiß schon, dass die Zunge verschiedene Geschmackszonen für Süßes, Salziges usw. enthält? So stehen beide Köche oft im Klassenzimmer und lassen Kinder mit verbundenen Augen testen, z. B. eine Fertig-Mayonnaise und im Gegensatz dazu die einzelnen Zutaten einer selbst gemachten Rapskernöl-Mayonnaise. So lernen Kinder wieder Geschmacksvielfalt kennen. Im „Kleinen Restaurant" von Bernhard Thies und im Parkhotel Wilmink wird nach diesen Grundsätzen gekocht: möglichst frisch mit Produkten der Region und etwas mediterranem Flair. Das bedeutet zwar mehr Arbeit, aber die Mühe lohnt sich. So erhielt Bernhard Thies bereits Auszeichnungen verschiedener Restaurantführer. Ab und zu schließt er seine Restauranttür aber und widmet sich seinen Hobbys: Sporttauchen und Motorradfahren.

Zubereitung

Für den Teig die Eier aufschlagen und mit dem Honig verrühren. In diese Masse nacheinander Grieß, Haselnüsse, Mehl, Zitronen- und Orangenschale hineingeben und jeweils gut mixen.

Die Möhren waschen, schälen und fein raspeln. Die Vanilleschote öffnen, mit einem Messer gut auskratzen und das Vanillemark zusammen mit den Möhren zum Teig geben.

Die Eiweisse mit dem Zucker steif schlagen und ebenfalls vorsichtig unter den Teig heben.

Eine Springform (26 cm Durchmesser) einfetten oder mit Backpapier auslegen. Die Teigmasse einfüllen. 50 Minuten bei 180 °C im Umluftherd backen; bei Ober- und Unterhitze rund 5–10 Minuten länger.

Für die Dekoration die Sahne schlagen und tupfenweise auf jedes Kuchenstück setzten. Mit einer ganzen Haselnuss und einigen Möhrenraspeln und Zitronenmelisse garnieren.

Tipp

Mit Apfelmus servieren. Wer das Apfelmus selbst machen will, schält 3–4 Äpfel, entkernt sie und schneidet sie in kleine Würfel. In zerlassener Butter in der Pfanne anschwitzen, mit Apfelsaft ablöschen. Alles einkochen lassen, bis ein Brei entsteht. Es sollten noch kleine Stückchen zu sehen sein. Mit Ahornsirup, Zimt und Zitronensaft abschmecken.

Orangenkuchen mit Schokoglasur

Hanns Wienold (Münster)

250 g > Mehl
3 gestr. TL > Backpulver
200 g > Zucker
250 g > Margarine
4 > Eier
2 > unbehandelte Orangen
1 > Zitrone
150 g > Puderzucker
100 g > Blockschokolade
4 > kandierte Orangenscheiben
1 > kandierte Zitronenscheibe
evtl. 0,1 l > Milch
evtl. etwas > Rum

Zubereitung

Für den Teig Mehl und Backpulver vermischen und durchsieben. Eier, Zucker und Margarine verrühren, bis die Masse schaumig und der Zucker ganz aufgelöst ist.

Die Schale von einer Orange abreiben, zum Teig geben und kurz durchrühren. Den Backofen (Ober- und Unterhitze) auf 160 °C vorheizen. Mehl und Backpulver löffelweise unter den Teig rühren.

Den Teig gut mit dem Mixer verrühren (ca. 20 Minuten), bis er geschmeidig ist. Falls er zu zäh wird, nach Bedarf die Milch zugeben. Wenn Sie mögen, können Sie kurz vor dem Backen etwas Rum in den Teig rühren.

Den Boden einer Springform (26 cm Durchmesser) einfetten, den Teig hineingeben und sofort in den Ofen schieben. Nach 10 Minuten die Hitze auf 180 °C erhöhen. Nach weiteren 35 Minuten Backzeit den Kuchen aus dem Ofen nehmen und in der Form ca. eine Stunde abkühlen lassen.

In der Zwischenzeit beide Orangen und die Zitrone auspressen und den Saft durch ein feines Sieb laufen lassen. Den Saft mit dem Puderzucker verrühren.

Mit einem Essstäbchen oder einem Holzstäbchen viele Löcher in dichten Abständen in den Kuchen stechen (zum Vergleich: Der Durchmesser von ungekochten Makkaroni ist richtig).

Die Saftmischung löffelweise auf den Kuchen geben und einsickern lassen, bis er sich vollgesogen hat.

Für die Dekoration die kandierten Früchte vierteln. Die Blockschokolade zerkleinern und im Wasserbad schmelzen. Etwas abkühlen lassen und den Kuchen mit der Schokoladenglasur von allen Seiten bestreichen. Den Kuchen mit den kandierten Früchten verzieren, solange die Schokolade noch klebrig ist.

In diesem Jahr waren es wieder besonders viele Koffer, die Hanns Wienold in Münster zu packen hatte. Mittlerweile hat er alle in Brasiliens Hauptstadt Brasilia wieder ausgepackt und kann sich seinem Forschungsprojekt widmen. Hanns Wienold ist Soziologe und sein Spezialgebiet sind Landwirtschaftsfragen in der Entwicklungssoziologie. Während seine Frau Sabine in Brasilia als Programmleiterin für den deutschen Beitrag zum Regenwaldschutzprojekt der G7-Staaten arbeitet, forscht er über Migrationsprozesse bei Kleinbauern.

Ihr indischer Hirtenhund Meru begleitet die beiden. Er muss sich genau wie sie erst an das tropische Klima gewöhnen. Meru stammt aus den kühlen Regionen des Himalaja. Sie haben ihn in Indien einem Schäfer abgekauft, als er noch ganz klein war. Sabine hat dort für die Gesellschaft für technische Zusammenarbeit ein Entwicklungsprojekt geleitet. Sie lebten vier Jahre am Fuße des Himalaja und bereisten zwischendurch den indischen Subkontinent. Hanns Wienold faszinierten die vielen Sprachen und er lernte zwei von ihnen, Urdu und Hindi. Schließlich wollte er ja etwas von den Menschen und ihrer Kultur mitbekommen. Für die zweieinhalb Jahre Brasilien haben er und seine Frau Brasilianisch gelernt und nun sind sie viel in dem riesigen Land unterwegs. Meru spricht sowieso die internationale Hundesprache und ist zufrieden, wenn er im Garten unter dem Avocadobaum im Schatten liegen und sich ausruhen kann.

Marita Rottwitt und der WP-Kurs Klasse 9/10 der Christ-König-Hauptschule (Drensteinfurt)

Rote-Bete-Kuchen

Für den Teig
125 g > Butter oder Margarine
150 g > Zucker
1 Päckchen > Vanillinzucker
6 > Eier
350 g > Weizenvollkornmehl (es klappt auch mit Type 405)
1 1/2 TL > Backpulver
1/4 l > Milch
200 g > Rote Bete, frisch oder aus dem Glas
150 g > Amarettini (Amarettimakronen)
200 g > gemahlene Mandeln

Für den Guss
150 g > Puderzucker
3–4 EL > Rote-Bete- oder Kirschsaft
ein Schuss > Amaretto

Zubereitung

Für den Teig Butter, Zucker und Vanillinzucker schaumig rühren. Nacheinander die Eier unterrühren. Das Mehl mit dem Backpulver vermischen und unter die Masse rühren. So viel Milch hinzugeben, bis ein zähflüssiger Teig entsteht, der zäh vom Löffel fällt.

Die Roten Bete schälen und klein raspeln. Die Amarettini im Mixer zerkleinern, je nach Geschmack grob oder fein. Zusammen mit den Roten Beten und den Mandeln unter den Teig heben.

Die Masse in eine gefettete, mit Bröseln ausgestreute Springform oder Frankfurter-Kranz-Form geben und 45 Minuten bei 200 °C (im Umluftherd ca. 170–180 °C) backen. Den Kuchen ruhen lassen, aus der Form nehmen und auskühlen lassen.

Für den Guss Puderzucker, Saft und Amaretto verrühren und auf den Kuchen streichen.

Rote Bete – ein gesundes Gemüse mit vielen Vitaminen, Mineral- und Ballaststoffen, aber bei Jugendlichen verpönt. Allerdings sind auch Teenager für Rote Bete – mit den richtigen Zutaten gemischt und nicht als eingelegtes Gemüse, sondern als Kuchen serviert – zu haben. Die Idee hatte Marita Rottwitt bei der Vorbereitung des Hauswirtschafts- und Kochunterrichts an der Hauptschule in Drensteinfurt. Hamburger werden in der Schulküche zwar auch zubereitet, aber das ist nicht alles. Gemeinsam suchten Marita Rottwitt und die Schüler nach anderen Genüssen, um gesunde Abwechslung auf den Teller zu bringen. Sie nahmen an der Aktion „Food for You“, einem europäischen Jugendwettbewerb, teil. Sein Motto: Es müssen nicht immer Pizza, Pommes und Co sein. Die Alternative: alte Gemüsesorten wie Mangold, Kürbis, Rote Bete und Steckrüben. Alles wurde probierte und man war sich einig: Roh oder gekocht würden sie keinen hinterm Ofen hervorlocken. Deshalb gingen alle auf die Suche nach alten Rezepten mit neuen Zutaten. 28 Gerichte mussten sie probieren. Ganz oben auf der Hitliste standen Kürbiscremesuppe, Mangoldauflauf, Tortellini in Sahnekürbis und als Nachtisch Rote-Bete-Kuchen.

Die Schüler schrieben alle Rezepte auf und fertig war das erste selbst gemachte Schulkochbuch „Kürbis und Co – Hit for Kids“. Damit errang die Hauptschule den 4. Platz von 450 teilnehmenden deutschen Gruppen. Die Belohnung für so viel Mühe war ein Wochenende in Berlin und ein Fernsehauftritt im Kuchenbuffet.

TIPP

Wer will, kann auch ein paar Tropfen Amaretto hinzufügen. Der Rote-Bete-Kuchen hält sich in der Vorratsdose einige Tage lang frisch. Er ist der ideale Picknickkuchen.

Elisabeth Rößmann (Ennigerloh)

Schokokusstorte

Für den Biskuit
3–5 > Eier (je nach Größe des Biskuitbodens)
2–3 EL > warmes Wasser
100 g > Zucker
125 g > Mehl
1/2 Päckchen > Backpulver

Für die Füllung
1 großes Glas > Sauerkirschen
1 Päckchen > Vanillepuddingpulver zum Kochen
7 > Schokoküsse
2 Becher > Sahne (à 200 ml)
100–150 g > Schokoraspel

Zubereitung

Für den Biskuit die Eier aufschlagen und mit dem Wasser schaumig rühren. Zucker einrieseln lassen und weiterrühren, bis eine lockere Eimasse entsteht.

Das Mehl mit einem halben Päckchen Backpulver mischen, hinzugeben und unterrühren.

Den Teig in eine Springform oder Tortenbodenform (26 oder 28 cm Durchmesser) geben, bei 180 °C im Umluftherd 30 Minuten (ca. 200 °C bei Ober- und Unterhitze) backen. Anschließend den Teig auskühlen lassen.

Für die Füllung die Kirschen abtropfen lassen, den Saft dabei auffangen und dann erhitzen. Das Puddingpulver mit etwas Wasser anrühren, in den Kirschsaft geben, einmal kurz aufkochen lassen und die Früchte hinzugeben. Legen Sie dabei einige Kirschen für die Dekoration beiseite. Anschließend die angedickten Kirschen erkalten lassen.

Die Waffelböden von sechs Schokoküssen abtrennen, halbieren und die Schokoküsse in einer Schüssel zerdrücken.

Die Sahne schlagen und mit der Schokokussmasse vermischen. Zum Schluss die angedickten Kirschen auf den Biskuitboden geben, die Sahne-Schokokuss-Masse darauf gleichmäßig verteilen und mit Schokoraspeln bestreuen.

Zur Dekoration 12–14 Kirschen auf dem Kuchen verteilen, einen Schokokuss in die Mitte setzen und die Waffelböden darum herum fächerartig aufsetzen.

Eigentlich brutzelt Elisabeth Rößmann lieber am Herd, denn Kochen für Freunde ist eines ihrer Hobbys. Kuchen isst sie zwar gerne, aber Backen erfordert Zeit und die ist oft knapp. Ihre Lieblingsrezepte sind schnelle Blechkuchen, z. B. mit Äpfeln, und natürlich Schokokusstorte.

Die schokoladigen, mit Baiser gefüllten Köpfe aus den Kindertagen hat sie durch dieses Rezept wieder entdeckt. Ihr Tipp für alle, die keine Zeit haben: Den Biskuitboden gibt es bereits fertig beim Bäcker zu kaufen und dann geht es wirklich blitzschnell. Nicht immer ganz so schnell laufen die Beratungsgespräche auf den Höfen ab, denn Elisabeth Rößmann ist im Hauptberuf beim Erzeugerring Westfalen tätig. Hier ist die gelernte Agraringenieurin zuständig für Mastschweine-Erzeugung und das heißt: Futterrationen berechnen, exakte Betriebsanalysen durchführen, Schwachstellen aufdecken, damit der Umsatz stimmt.

Nach einem oftmals zehnstündigen Arbeitstag freut sie sich auf ihre „Futterration“. Sie ist ganz einfach zu berechnen. Aus den Zutaten, die im Haus sind, zaubert sie leckere Eintöpfe. Anregungen dazu bekommt sie von ihrer Mutter. Die betreibt einen Landfrauenservice, und wenn drei Menüs inklusive Kaltem Buffet ausgeliefert werden müssen, packt Elisabeth Rößmann schon mal mit an. Ihr liebstes Hobby ist die Gartenarbeit. Hier kann sie sich so richtig beim Graben austoben, beim Anlegen von neuen Beeten kreativ Ideen entwickeln und natürlich im Liegestuhl auch mal faulenzen.

6-Zylinder (Münster)

Lebkuchenschweine „Schweinachtsmänner“

400 g > Honig
100 g > Plattenfett
(am besten eignet sich hochwertiges pflanzliches Siedefett z. B. Kokosfett)
550 g > Zucker
500 g > Weizenmehl
500 g > Roggenmehl
4 > Eier
15 g > Lebkuchengewürz
10 g > Natron
5 g > Pottasche

Tipp
Den Teig mit der doppelten Menge an Gewürzen zubereiten, nur eine Woche kühl stellen und ausrollen. Motive (z. B. Schweine) ausstechen und abbacken. Die Lebkuchen je nach Geschmack verzieren, z. B. mit Zuckerguss oder Lebensmittelfarbe.

Zubereitung

Für den Teig Honig, Fett und Zucker in einem Topf unter ständigem Rühren erwärmen, bis alles geschmolzen ist.

Mehl, Eier und Lebkuchengewürz, Natron und Pottasche in eine Schüssel geben, umrühren und dann langsam, nach und nach die erwärmte Honig-Zucker-Fettmasse hinzugeben, gut durchrühren. Zum Schluss den Teig mit den Händen bearbeiten und zu einer Kugel formen.

Der echte Lebkuchen wird bereits Ende August angesetzt, durch eine dreimonatige kühle Lagerung (unter 10 Grad) verbessert sich der Geschmack. Abgebacken wird er Anfang Dezember: bei 170 °C ca. 8–10 Minuten. Die Backzeit kann sich bei Umluft etwas verkürzen.

Tilo Beckmann, Jürgen Spieker, Henrik Leidreiter, Thomas Michaelis, Heiner Dreesen und Jürgen Janotta – sechs Sänger und Musiker, die 1983 als Studenten ein Gesangsensemble im Stil der englischen King's Singers gründeten. Der Absprung ins Showbusiness gelang 1986 mit einem Auftritt im WDR. Die ersten Platten und MCs sowie jede Menge Konzerte, sogar in Australien, folgten.

Und dann entdeckten sie – inzwischen mit Jos Gerritschen, Nicolas Leibel und Winne Voget – den Schweinachtsmann, ein Kinderbuch mit Liedern zum Mitsingen. Die Geschichte von Jörg Hilbert kennt fast jeder, die Kinderhörspiel-Version der 6-Zylinder mögen fast alle Kinder in Westfalen. Alle Jahre wieder geben sich die sechs Jungs a capella die Ehre und bringen das Schwein als Ersatz-Weihnachtsmann auf die Bühne. Seit der Weihnachtssaison 2002 gibt es den sympathischen Zeitgenossen auch zum Anbeißen lecker. Der Schweinachtsmann aus Lebkuchen eroberte die Herzen der Zuschauer. Zusammen mit dem Kuchenbuffet der WDR Lokalzeit Münster wurde die Idee entwickelt und am 4. Dezember hatten die singenden Bäcker Premiere. Obwohl es einige Backfehlversuche gab, stand das Rezept – mit professioneller Bäckerhilfe. Nachbacken kann ihn jeder, aber den originalen Schweinachtsmann gibt es nur von den 6-Zylindern. Das ließen viele sich etwas kosten. Der Erlös konnte sich sehen lassen: 4200 Euro konnten der Kinderkrebshilfe überreicht werden.

Hedwig Keppelhoff-Wiechert (Velen)

Euro-Eistorte

Für den Teig
200 g > „Russische Zigarren" (feine Gebäckröllchen)
100 g > Butter

Für die Füllung
3/4 l > Sahne
ca. 100 g > Baisers
100 g > Vollmilch- oder Zartbitterschokolade

Für die Dekoration
16 > Schokoladen-Euros
> Früchte der Saison, z. B. Erdbeeren

TIPP
Man kann die Torte auch mit in Zucker und Obstbrand marinierten Äpfeln oder Kirschkompott, im Winter mit Rumtopf und Eierlikör servieren.

Zubereitung

Für den Teig die Gebäckröllchen zerbröseln, dafür am besten in eine Plastiktüte füllen, gut verschließen und mit einer Teigrolle zerdrücken. Die Brösel mit der weichen Butter gut verkneten und die Masse in einer Springform (26 cm Durchmesser) gut verteilen, sodass ein dünner Boden entsteht.

Für die Füllung die Sahne in zwei Portionen aufteilen. Die eine Hälfte steif schlagen. Die Baisers – genauso wie die Gebäckröllchen – zerbröseln und mit der Sahne vermengen. Wenn es schnell gehen soll, kann man auf fertige Baisers zurückgreifen; wer will, kann sie aber auch aus Eischnee und Zucker selbst herstellen. Die Baiser-Sahne auf dem Boden verteilen.

Anschliessend die Schokolade fein hacken. Die zweite Portion Sahne schlagen, mit der gehackten Schokolade vermischen und als zweite Lage in die Springform füllen.

Für die Dekoration ein bisschen Sahne und Schokolade zurückbehalten und die Torte damit garnieren: Sahnetupfer auf die Torte setzen und mit je einem Schokoladen-Euro verzieren. Mindestens 12 Stunden tiefgefrieren.

Eine Stunde vor dem Servieren herausnehmen und mit frischem Obst der Saison, z. B. gezuckerten Erdbeeren, servieren.

Die Euroeinführung erlebte Hedwig Keppelhoff-Wiechert nicht nur im eigenen Geldbeutel, sondern direkt in Brüssel und Luxemburg. Seit 14 Jahren vertritt die CDU-Politikerin das Münsterland im Europäischen Parlament. Und noch immer ist nicht Schluss: Auch zur nächsten Wahl tritt sie wieder an. Danach möchte sie vielleicht mit ihrem Mann das Leben auf dem Hof genießen, ohne ständig zu pendeln, obwohl das durchaus seine Reize hat, denn Begegnungen mit Menschen in ganz Europa prägen und entscheiden mehr als Aktenordner.

Wo immer sie politisch aktiv war, lag ihr die Sache der Landfrauen am Herzen. Seit über 30 Jahren ist sie im Landfrauenverein aktiv, elf Jahre davon als Präsidentin des Deutschen Landfrauenverbandes. Sie ist stolz darauf, dass der Verband für die Frauen auf den Höfen eine eigene Alterssicherung erkämpfen konnte. Egal was sie tut, sie ist mit Begeisterung bei der Sache. Ansonsten wäre das alles auch nicht zu schaffen. Wie wäre es sonst denkbar, dass sie Hof, Familie und Politik unter einen Hut brachte? Jetzt hat das Ehepaar den Hof an den Adoptivsohn übergeben, und wo früher Getreide und Gemüse wuchsen, trainieren heute Trabrennpferde.

Für die gelernte Hauswirtschaftsmeisterin ist Management kein Problem, denn ohne Organisation klappt auch im Haushalt nichts. Kein Wunder, dass viele ihrer Rezepte – wie die Eistorte – schnell, aber pfiffig sind. Einmal zubereitet, lässt sie sich gut variieren. Hedwig Keppelhoff-Wiechert serviert frisches Obst dazu – was der Garten gerade zu bieten hat.

Michael und Gudrun Raß (Ibbenbüren)

Gugelhupf

5 > Eier
1 Prise > Jodsalz
200 g > Puderzucker
1 Päckchen > Vanillinzucker
1/4 l > Eierlikör
2 EL > Mandellikör
1/4 l > Rapskernöl
100 g > gemahlene Mandeln
150 g > Kartoffelmehl
50 g > Weizenmehl
1 Päckchen > Backpulver

Zubereitung

Für den Teig die Eier mit dem Salz schaumig schlagen. Dann nach und nach Puderzucker und Vanillinzucker einrieseln lassen und weiterschlagen, bis die Masse weißschaumig und cremig ist. Eier- und Mandellikör hinzufügen und weiterschlagen. Nach und nach das Öl hinzufügen. Sobald alles vermischt ist, noch weitere 5 Minuten schlagen – das lockert den Teig.

Mandeln mit Kartoffel- und Weizenmehl sowie Backpulver mischen und vorsichtig unterheben. Das klappt am besten mit einem Schneebesen (elektrische Küchenmaschinen oder Handrührer zerstören die Teigstruktur).

Eine Gugelhupfform (26–28 cm Durchmesser) ausfetten, den Teig einfüllen und im Umluftofen bei 160 °C (bei Ober- und Unterhitze bei ca. 200 °C) ca. 50 Minuten backen.

Nach dem Erkalten eventuell mit etwas Puderzucker garnieren.

Tipp
Der Gugelhupf wird besonders locker, wenn der Teig lange gerührt wird und viele Luftblasen zu sehen sind.

Zum Fußballspielen fehlt Michael Raß die Zeit, denn als Existenzgründer arbeitet er seit drei Jahren rund um die Uhr. Dass er einmal Raps-Ölmüller werden würde, hatte der Diplom-Ingenieur in seiner Zeit am Institut für Lebensmittel-Verfahrenstechnik in Essen nicht gedacht. Aber die schwarzen Raps-Samenkerne zogen ihn in ihren Bann. Sie haben es in sich. Ihr wertvollster Bestandteil: Öl mit vielen Omega-Drei-Fettsäuren, die den Blutfettspiegel im Körper positiv beeinflussen. Der einzige Nachteil: Das Öl wird durch Hitze, die beim Pressen entsteht, leicht geschädigt und es muss raffiniert werden, um die Bitterstoffe zu entfernen. Zusammen mit Kollegen tüftelte Michael Raß so lange, bis sie ein Verfahren zum Schälen der Rapskörner gefunden hatten, sodass keine Bitterstoffe ins Öl gelangen und es bei 40 Grad gepresst werden kann. Die Raffination entfällt somit. Dieses neue Verfahren überzeugte die Banken und die Teutoburger Ölmühle nahm 2001 den Betrieb auf. Bis heute mehrmals preisgekrönt, freuen sich Michael und seine Frau über die Erfolge.

Ohne Gudrun Raß wäre dieser Erfolg nicht möglich. Sie steht im Büro und zu Hause ihre Frau, denn die beiden Kinder fordern täglich ihr Recht. Wer auf die Idee kam, den Gugelhupf mit Rapsöl zuzubereiten, ist nicht geklärt. Jedenfalls ist er der Renner auf jeder Messe und Gudrun Raß verriet das Rezept bereits mehreren Spitzenköchen. Manchmal reisen bis zu 30 Kuchen mit im Gepäck, wenn es darum geht, Kunden vom Rapskernöl zu überzeugen. Mit Speck fängt man bekanntlich Mäuse.

Marianne Spirgatis (Münster)

Mokkatorte

Für den Biskuit
4 > Eier
4 EL > lauwarmes Wasser
1 Päckchen > Vanillezucker
100 g > Zucker
1 kleines Fläschchen > Butter-Vanille-Aroma
200 g > Mehl
1 EL > Speisestärke
1 Prise > Salz
2 TL > Backpulver

Für die Mokkacreme
3/4 l > Vollmilch
2 EL > Zucker
2 Päckchen > Sahnepudding zum Kochen
1 Tafel > Halbbitterschokolade
1 Tafel > Mokkaschokolade
2 TL > Instant-Kaffee
250 g > Joghurt-Margarine
2 EL > Puderzucker
1 kleines Fläschchen > Butter-Vanille-Aroma

Für die Dekoration
150 g > Schokostreusel
ca. 30–35 > Mokkabohnen

Zubereitung

Für den Biskuit Eier, Wasser, Vanillezucker, Zucker und Aroma schaumig schlagen. Dann Mehl, Speisestärke, Salz und Backpulver hinzufügen, alles gut verrühren und in einer Springform (26 cm Durchmesser) bei 200–220 °C (Umluft: 180–200 °C) in ca. 25 Minuten goldbraun backen.

Für die Mokkacreme einen Sahnepudding nach Anleitung auf der Packung zubereiten. Beide Tafeln Schokolade in der heißen Puddingmasse auflösen und alles gut verrühren.

Den Instant-Kaffee in einem Esslöffel heißem Wasser auflösen und ebenfalls unterrühren. Die Masse erkalten lassen.

Die Mokkabuttercreme von Marianne Spirgatis hat es in sich. Viele wollen das Rezept oder gleich die ganze Torte bestellen, doch in den Genuss kommen nur Freunde und ihre Kinder. Sie wohnen im gleichen Haus, und nicht nur bei Buttercremetorte zum Kaffee sind sie gerne Mutters Gäste. Ohne Kostprobe ging's auch nicht in der Schrebergarten-Anlage, in der sie seit Jahren passionierte Hobbygärtnerin ist. Auf 400 m² baut sie heute nicht mehr alles an, was sie gerne isst. Für eine Person lohnt sich ein großer Gemüsegarten kaum, aber ohne Erd- und Brombeeren, Kartoffeln und – nicht zu vergessen – eine bunte Sommerblumen-Vielfalt geht es eben nicht. Im November feiern alle das so genannte „Eckenfest". Der Garten von Marianne Spirgatis liegt an einer Ecke, gefeiert wird also bei ihr. Ihre Torten sind natürlich einer der Höhepunkte des Buffets.

Der Garten ist nicht das einzige Hobby von Marianne Spirgatis. Sie liebt Musik, singt im Kirchenchor und redet gerne, wie ihr der Schnabel gewachsen ist – „Platt küren" ist eine alte Leidenschaft. Aber im Alltag kaum noch machbar, denn Plattdeutsch verstehen nur noch wenige. Sie machte sich auf die Suche, fand Gleichgesinnte und so trifft man sich jetzt zum Schwätzchen.

Dann gibt es noch Wellensittiche und Kanarienvögel, die ihren Schnabel nicht halten können. Sie zwitschern ab und zu so laut, dass die Fußgänger unten auf Straße ganz erstaunt zum Flötenkonzert auf dem Küchenbalkon heraufschauen.

Anschliessend die weiche Margarine mit Puderzucker und dem Aroma schaumig schlagen und löffelweise in die erkaltete Mokkacreme einrühren.

Den Biskuitboden zweimal durchschneiden und die Torte schichten. Auf den ersten Boden eine dünne Schicht Mokkacreme geben, dann den zweiten Boden auflegen, darauf eine dickere Schicht Mokkacreme geben und auch den Rand bestreichen.

Den Rest der Creme in einen Spritzbeutel füllen und die Torte verzieren. Nach Geschmack mit Schokostreuseln und Mokkabohnen dekorieren.

Irmgard Herdering (Metelen)

Neujahrskuchen

auch Piepkuchen oder Eiserkuchen

1 l > Wasser
500 g > Kandiszucker
4 > Eier
80 g > Margarine
1 Päckchen > Vanillezucker
500 g > Mehl
ca. 25 Tropfen > Anisöl
(je nach Geschmack)

Zubereitung

Etwa zwei Stunden, bevor der Teig zubereitet werden soll, das Wasser aufkochen, den Kandiszucker darin auflösen (ab und zu umrühren) und die Mischung abkühlen lassen.

Für den Teig die Eier mit der Margarine und dem Vanillezucker schaumig schlagen. Abwechselnd Mehl und Zuckerwasser unterrühren. Zum Schluss das Anisöl dazugeben.

Das Waffeleisen für Eiserkuchen erhitzen (siehe Gebrauchsanweisung). Wenn es heiß ist, einen großen Löffel voll Teig hineingeben, zuklappen und dabei leicht andrücken. Wenn er fertig gebacken ist, das Küchlein herausnehmen und noch heiß zu einer Rolle oder einer kleinen Tüte zusammenrollen und abkühlen lassen.

Wenn nicht alle Neujahrskuchen gleich aufgegessen werden, können sie gut in einem luftdichten Behälter (Keksdose, verschließbare Milchkanne) aufbewahrt werden.

Selten werden die Gäste auf Herderings Hof zuerst von der Hausherrin begrüßt. Der Münsterländer Haido ist meistens schneller. Er bewegt sich frei auf dem Gelände und freut sich sichtlich über jeden Neuankömmling. Die Gäste freuen sich auch und kommen jedes Jahr wieder, um es sich in den drei Ferienwohnungen für ein paar Wochen gemütlich zu machen und sich auf dem Lande zu erholen. 1990 haben Herderings in einem Nebengebäude die erste Ferienwohnung eingerichtet und hofften, dass bloß alles gut gehen möge und auch ein paar Gäste kommen würden. Irmgard Herderings Skepsis erwies sich schnell als unbegründet: „Wir waren noch am Einräumen, da standen schon die ersten Leute vor der Tür."

Seitdem treffen bei Herderings Städter auf Ziegen, Katzen, Zwergponys und Pferde. Und natürlich auf Haido. Er ist auch dabei, wenn im Sommer gemeinsam gegrillt wird. Im Winter wird nicht gegrillt, dann holt Irmgard Herdering ihr Backeisen für die Neujahrskuchen heraus. Früher wurden die Eisen noch ins offene Feuer gehalten. Heute geht das Ganze elektrisch. Aber noch immer entweicht dem Eisen ein Pfeifton, wenn die beiden Hälften nach dem Einfüllen des Teiges aufeinander gepresst werden. Wohl deshalb heißen die dünnen Kuchen auch „Piepkuchen". Aufbewahrt werden sie wie früher: gut verschlossen in einer großen Milchkanne.

Margret Brinkkötter (Borghorst)

Orangentorte

Für den Biskuitteig
4 > Eier
1 Prise > Salz
150 g > Zucker
100 g > Mehl
60 g > gemahlene Haselnüsse
1 Päckchen > Vanillepuddingpulver zum Kochen

Für den Sirup
80 g > Zucker
200 ml > Weißwein
80 ml > frisch gepresster Orangensaft
80 ml > Orangenlikör

Für die Füllung
10 Blatt > weiße Gelatine
250 ml > frisch gepresster Orangensaft
250 g > Quark
200 g > Schmand
75 g > Zucker
4 cl > Orangenlikör
400 ml > Sahne

Für die Dekoration
400 ml > Sahne
> Halbbitterschokoladenraspel
> Orangenfilets

Zubereitung

Den Ofen auf 180 °C (Umluft: 160 °C) vorheizen.

Für den Biskuitteig die Eier trennen und das Eiweiß mit der Prise Salz steif schlagen, dabei zum Schluss den Zucker einrieseln lassen. Dann nach und nach die Eigelbe dazugeben und mit dem Mixer unterrühren. Mehl, gemahlene Haselnüsse und Vanillepuddingpulver vermischen und schnell unter die Eimasse heben.

Den Boden einer Springform (28 cm Durchmesser) mit Backpapier auslegen und den Teig in die Form füllen. Den Boden 30–35 Minuten backen und dann auskühlen lassen.

Für den Sirup Zucker, Weißwein, Orangensaft und Orangenlikör in einen Topf geben und etwa eine Viertelstunde köcheln lassen, bis sich die Flüssigkeit mindestens um die Hälfte reduziert hat. Den Biskuitboden in zwei Hälften teilen und beide Schnittflächen mit lauwarmem Sirup beträufeln.

Im Sommer stehen bei Margret Brinkkötter überall im Haus Rosen in den Vasen. Rosen sind ihre Lieblingsblumen, und wie viele Sträucher davon sie draußen im Garten hat, hat sie nie gezählt. Jedes Jahr kommen ein paar neue, sorgfältig ausgewählte dazu. Im Frühjahr versorgt sie sie mit Rosendünger, „damit sie einen guten Start haben", und spätestens im Juni leuchten das große Rosenbeet und der Giebel vom ehemaligen Kuhstall in allen Farben. Seit sie sich nicht mehr um die Kühe kümmern muss, hat Margret Brinkkötter viel Zeit für ihren Garten.

Der Tag, als die 50 Tiere abgeholt wurden, war wohl einer der traurigsten in ihrem Leben. 1956 hatten sie und ihr Mann mit drei Kühen angefangen. Das sei ihr Lebenswerk gewesen, den Hof aufzubauen, erzählt sie. Schließlich war die Arbeit für sie aber nicht mehr zu schaffen und der Sohn hatte andere Pläne, als Landwirt zu werden. Margret Brinkkötter besann sich auf ihre zweite Leidenschaft: die für das Tortenbacken, und mittlerweile backt sie für Nachbarn, Bekannte und Freunde. So einige Eigenkreationen haben ihre Küche schon verlassen und für Behagen bei den Tortenfreunden in der Umgebung gesorgt. Eine dieser Kreationen ist die Orangentorte.

Für die Füllung die Blattgelatine im Orangensaft einweichen, anschließend ausdrücken und durch Erhitzen flüssig werden lassen (Packungsanweisung beachten).

Den Orangensaft mit Quark, Schmand, Zucker und Likör verquirlen. Einen Esslöffel der Quarkcreme zum Abkühlen unter die noch flüssige Gelatine rühren und diese Mischung mit dem Mixer unter die restliche Creme ziehen. Die Masse etwa 15 Minuten in den Kühlschrank stellen, sie soll beginnen, fest zu werden.

In der Zwischenzeit die Sahne schlagen. Um den unteren Boden einen verstellbaren Tortenring legen. Die Sahne mit der Orangencreme vermischen, glatt auf dem Biskuitboden verteilen und den Biskuitdeckel auflegen.

Die Torte für etwa vier Stunden in den Kühlschrank stellen. Kurz vor dem Servieren die restliche Sahne steif schlagen, die Torte rundherum damit verzieren. In die Mitte die Schokoraspel geben, auf jedes Tortenstück eine ausgelöste (vom Häutchen befreite) Orangenscheibe setzen.

Tipp

Lassen Sie, wenn möglich, die unverzierte Torte einen Tag im Kühlschrank durchziehen!

Inge Horn (Sassenberg)

Prinzessinnenrolle

Für den Teig
- 4 > Eier
- 125 g > Zucker
- 4 EL heißes > Wasser
- 125 g > Mehl
- 1/2 TL > Backpulver

Für die Füllung
- 1 Glas > Sauerkirschen (680 g Füllgewicht)
- 1 Päckchen > Vanillepuddingpulver zum Kochen
- 2 Päckchen > Vanillezucker
- 250 ml > Sahne
- 4 EL > Puderzucker

Zubereitung

Für den Teig Eiweiß und Eigelb trennen. Das Eiweiß mit etwa 25 g Zucker und einem Eßlöffel heißem Wasser steif schlagen. Das Eigelb mit dem restlichen Zucker und dem restlichen Wasser zu einer cremigen Masse rühren.

Den Eischnee vorsichtig unter die Eigelbmasse ziehen. Mehl und Backpulver darüber sieben und unterheben. Den Ofen auf 180 °C Ober- und Unterhitze vorheizen. Den Teig auf einem mit Backpapier ausgelegten Backblech verstreichen und für etwa 13 Minuten backen. Er sollte eine goldgelbe Farbe haben.

Den Biskuitboden auf ein Küchentuch stürzen. Breiten Sie dafür das Küchentuch über den Boden. Halten Sie dann die kurze Seite des Backblechs samt Tuch fest. Drehen Sie alles schnell um 180 Grad. Der Biskuitboden liegt dann auf dem Küchentuch. Das Backblech abnehmen und sofort das Backpapier vorsichtig abziehen.

Den Teig von der schmaleren Seite her aufrollen (es soll eher eine dicke als eine lange Rolle entstehen) und im Küchentuch erkalten lassen.
In der Zwischenzeit für die Füllung die Sauerkirschen mit Vanillepuddingpulver und einem Päckchen Vanillezucker aufkochen und abkühlen lassen.

Wenn Boden und Sauerkirschen erkaltet sind, die Sahne mit dem restlichen Vanillezucker steif schlagen. Den Biskuit vorsichtig entrollen und darauf die angedickten Sauerkirschen verteilen. Auf diese Schicht die steife Sahne streichen und den Boden wieder vorsichtig aufrollen. Mit Puderzucker bestreuen.

Ein Jahr lang war Inge Horn „Inge die Zweite, die gerne lacht und Theater macht!" – gewählte, amtierende und regierende Sassenberger Karnevalsprinzessin. Die Sassenberger legen großen Wert auf diese drei Zusätze, denn eine weibliche Besetzung des ersten Prinzenranges ist im Münsterland eine Seltenheit. In Sassenberg hat sie Tradition, so wie das Fest selbst. Seit 1948 wird hier zum Karneval geschunkelt, gelacht und gesungen. Es gibt sogar eine eigene Hymne: „Beim Karneval in Sassenberg, da wo man singt und lacht, gibt's Wasser aus dem Hesselbach für den, der nicht mitmacht." Wer will schon simples Wasser trinken, wenn die anderen sich mit Prinzenheilwasser (Wacholder) amüsieren?

So hat der Karnevalsverein 244 aktive und bemerkenswert verschwiegene Mitglieder. Die Identität der zukünftigen Tollität gilt als bestgehütetes Geheimnis im Ort. Inge Horn konnte sich monatelang zwar ihrem Mann (der über Nacht zum Prinzgemahl geworden war) besprechen, aber nicht einmal die drei Söhne durften von ihrer Wahl erfahren. Das führte zu stundenlangen Spaziergängen („Der Hund muss dringend mal raus"), denn es mussten ja Pläne für die Zeit nach ihrer Proklamation geschmiedet werden. Als Prinzessin besuchte sie Feste, ging in Kindergärten, zum Jugend- und Seniorenkarneval, überbrachte Grüße ihres Vereins, sang und feierte mit ihr bekannten und unbekannten Menschen. Inge Horn bleibt dem Sassenberger Karneval nach wie vor verpflichtet: Jetzt wacht sie als Sitzungspräsidentin über die Festivitäten ihres Vereins.

Anne Ridder (Wadersloh)

Rumtorte

Für den Mürbeteigboden
200 g > Mehl
80 g > Zucker
1 Päckchen > Vanillinzucker
1 > Ei
80 g > Butter
150 g > Schokoladenglasur

Für die Füllung
1/4 l > Sahne
3 > Eigelb
100 g > Zucker
1 Päckchen > Vanillinzucker
200 g > Butter
150 g > gemahlene Mandeln
ca. 60 > Löffelbiskuits
1/8 l > Rum (40 %)

Für die Dekoration
1/4 l > Sahne
> Rumkugeln
> Schokoladenraspel

Stall, Scheune, Rumpelkammer – auf dem Hof der Familie Ridder in Wadersloh wusste lange niemand, was mit den alten Hofgebäuden passieren sollte. Aber dann änderte sich alles ganz schnell, denn sie wollten ihre Schweine, aufgewachsen auf Stroh und mit natürlichem Futter, selbst vermarkten. Alle packten mit an und nach einem halben Jahr eröffnete Anne Ridder den Hofladen. Damit zog sie einen Schlussstrich unter ihre langjährige Tätigkeit als Arzthelferin. Mit viel Elan, Wissensdurst und Organisationsgeschick hat sie es ein Jahr nach der Eröffnung geschafft, dass ein fester Kundenstamm regelmäßig vorbeischaut.

Haushalt, Hofladen und die Schweine sind für sie die richtige Mischung, um Hobby, Beruf und Familie unter einen Hut zu bringen. Ihr Erfolgsrezept: mehr als ein Acht-Stunden-Arbeitstag und viel Liebe zum Detail, um den Kunden die Wünsche von den Augen abzulesen. So liefert sie gleich das richtige Brot zum selbst gemachten Schinken. Ihr Tipp: Dazu schmeckt ihr hofeigenes Gemüse, süß-sauer eingelegt. Heute stehen über 200 Produkte im Laden – zum Anbeißen lecker. Dafür sorgt die eigene Versuchsküche. Der Renner aus dem Einmachkessel: Mirabellenkonfitüre, abgeschmeckt mit Buttervanille-Aroma und Zimt. Eher als Dekoration waren Omas selbst gestrickte Socken gedacht, aber sie entwickelten sich schnell zum Verkaufsschlager. So kam bei der Suche nach Überraschungen auch die Rumtorte aus dem Familienkochbuch wieder ans Tageslicht. Sie schmeckt, wenn sie durchgezogen ist, so richtig gut.

Zubereitung

Für den Mürbeteigboden die Zutaten (ohne die Schokoladenglasur) mit dem Knethaken zu einem glatten Teig verarbeiten. 20 Minuten kalt stellen. Den Boden einer gefetteten Springform (26 cm Durchmesser) mit Teig auslegen und den Teig mit einer Gabel mehrmals einstechen. Im Backofen bei 200 °C ca. 15 Minuten backen (im Umluftherd: ca. 180 °C).

Den Boden auskühlen lassen und mit der geschmolzenen Schokoladenglasur überziehen, dabei nicht vom Boden der Springform lösen.

Für die Füllung Sahne, Eigelbe, Zucker und Vanillinzucker vorsichtig unter ständigem Rühren erhitzen. Dann die Butter und die Mandeln zugeben. Rühren, bis die Butter geschmolzen ist, und vom Herd nehmen.

Den Schokoladen-Mürbeteig auf eine Tortenplatte legen und den Ring der Springform wieder um den Boden legen. Ein Drittel der Löffelbiskuits nebeneinander auf dem Boden verteilen, mit Rum beträufeln und ein Drittel der Mandelcreme darauf verteilen. Diesen Schichtvorgang zweimal wiederholen, bis die Form ganz gefüllt ist. Die Torte mit Pergamentpapier abdecken und im Kühlschrank 3 bis 4 Tage durchziehen lassen.

Einige Stunden vor dem Verzehr die Sahne schlagen und die Torte damit bestreichen. Mit Sahne, Rumkugeln und Schokoladenraspeln verzieren.

Ursula Stiller (Enniger)

Schokoladen-Orangenlikör-Torte

Für den Mürbeteig
100 g > Mehl
60 g > Butter
25 g > Zucker
1 Päckchen > Vanillezucker
1 Msp. > Backpulver

Für den Nussbiskuit
4 > Eier
200 g > Zucker
2 EL > heißes Wasser
1 Prise > Salz
200 g > gemahlene Haselnüsse
1 TL > Backpulver

Für Füllung und Dekoration
200 g > Marzipan
ca. 1 EL > Puderzucker
oder 1 fertige > Marzipandecke
100 g > Kuvertüre
3 Becher > Sahne (à 200 ml)
1 EL > Zucker
2 Tafeln > Zartbitterschokolade
4 cl > Orangenlikör
2–3 EL > Orangenmarmelade
1 kleine Dose > Mandarinen

Mit Reizen geizt Ursula Stiller nicht. Richtig reizen und spielen ist das Geheimnis eines gewonnenen Bridge-Nachmittags. Gewinnen will sie, obwohl keine Millionengewinne winken. Ein Schnupperkurs der Volkshochschule weckte vor Jahren ihre Leidenschaft für das alte englische Kartenspiel. Mindestens einmal die Woche greift sie zu den Karten und gönnt sich eine Partie – ohne Konzentration und die richtige Strategie kein Sieg. Mit Freunden spielt sie lieber Doppelkopf und manchmal Skat. Hier zahlt jeder, der verliert, und manchmal auch der Gewinner in eine Club-Kasse ein. Aus der Gemeinschaftskasse finanziert sich der nächste Ausflug.

Seitdem Ursula Stiller Verstärkung bei der Büroarbeit in der Kanzlei erhalten hat, kann sie auch mit alten Hobbys wieder neu durchstarten – z. B. Tennis spielen. Mit ihrer Mannschaft hat sie den Aufstieg in die Bezirksliga geschafft und jetzt kämpft sie um den Klassenerhalt. Zwei- bis dreimal die Woche steht sie deshalb auf dem Platz und trainiert. Wenn die Saison vorbei ist, wird wieder mehr gewandert – alle vier Wochen mit Freunden in der Umgebung, aber mindestens einmal im Jahr hochalpin im Gebirge. Dieses Hobby entdeckte sie gemeinsam mit ihrem verstorbenen Mann. Dieses Jahr steht Radwandern von Salzburg nach Passau auf dem Programm. Ein Hobby vernachlässigt sie aber: das Backen, denn eine Torte für eine Person ist zu viel, aber nach einer gemütlichen Kartenrunde serviert sie gerne ihre Lieblingstorte.

Zubereitung

Für den Mürbeteig alle Zutaten nacheinander in eine Schüssel geben. Alles gut verkneten und eine halbe Stunde im Kühlschrank ruhen lassen, ausrollen und in einer Springform (26 cm Durchmesser) im Umluftofen 25 Minuten (Ober- und Unterhitze: ca. 35 Minuten) bei 180 °C backen.

Für den Nussbiskuit die Eier trennen. Die Eigelbe, 100 g Zucker, Salz und Wasser schaumig schlagen. Dann das Eiweiß mit dem restlichen Zucker steif schlagen. Diese Masse unter die Eigelbmasse heben, die Haselnüsse und das Backpulver dazugeben. In eine gefettete Springform geben und 45 Minuten (55 Minuten) bei 180 °C backen.

Marzipan auf dem Puderzucker ausrollen oder die fertige Marzipandecke nehmen und eine kreisrunde Platte in der Größe der Springform (26 cm Durchmesser) ausstechen. Die Kuvertüre im Wasserbad auflösen und den Marzipanboden damit bestreichen. Trocknen lassen.

Für die Füllung die Sahne mit etwas Zucker steif schlagen, etwas Sahne für die Dekoration abnehmen und kühl stellen. Die Zartbitterschokolade im Wasserbad schmelzen, 2–3 EL geschlagene Sahne unterrühren, den Orangenlikör dazugießen und mit dem Rest der geschlagenen Sahne unterziehen.

Den ausgekühlten Mürbeteigboden dünn mit Orangenmarmelade bestreichen und den Nussbiskuit durchschneiden. Einen der beiden Böden auf den Mürbeteigboden setzen und mit Schokoladensahne bestreichen. Den zweiten Nussbiskuitboden aufsetzen und wieder mit Schokoladensahne bestreichen. Dann die Marzipandecke auflegen und den Rand der Torte gleichmäßig mit dem Rest der Schokoladensahne bestreichen. Zum Schluss die Torte mit der kühl gestellten Sahne und Mandarinenspalten je nach Geschmack verzieren.

Kochgruppe des St.-Elisabeth-Stifts (Sendenhorst)

Stollenkonfekt

500 g > Mehl
40 g > Zucker
1 Prise > Salz
1 TL > Stollen- oder Lebkuchengewürz
1 Würfel > Hefe
130 ml > warme Milch
200 g > Butter (Zimmertemperatur)
125 g > Puderzucker
50 g > Marzipan
400 g > Rosinen
100 g > Zitronat
50 g > Orangeat
60 g > gehackte Mandeln
50 ml > Rum
500 g > Butter
2 Pakete > Puderzucker

Eigentlich werden die Bewohner und Bewohnerinnen des Wohnhauses für ältere Menschen in Sendenhorst, dem St.-Elisabeth-Stift, täglich bekocht, aber einmal im Monat sorgt ein kleines Grüppchen selbst für sein leibliches Wohl. Dann wird in der gemütlichen Wohnküche im ersten Stock gekocht oder gebacken, was Herd und Ofen hergeben. Ehrenamtlich angeleitet von Marie-Luise Schulze-Tergeist und Irmelin Von Soosten-Götte arbeiten alle aus der Kochgruppe mit, so gut sie können. Für manche ist das Kochen völliges Neuland – so sagt eine Bewohnerin: „Ich habe früher nie gekocht, aber irgendwie muss man sich ja beschäftigen und warum nicht mal mit was Neuem anfangen?“ Dafür ist es auch mit Mitte achtzig nicht zu spät und so stieß der Vorschlag von Schwester Paula, sich beim „Kuchenbuffet“ zu bewerben, auf breite Zustimmung in der Gruppe.

Neuigkeiten und Aktivitäten sind überhaupt sehr gefragt im St.-Elisabeth-Stift. Wer kann, macht bei der Gymnastikstunde mit, die findet im Sitzen statt und man bewegt sich im Takt zur Musik. Nicht nur der Körper, sondern auch der Kopf soll auf dem Laufenden bleiben, so gibt es u. a. Gedächtnistraining und einmal in der Woche eine Zeitungsstunde für diejenigen, die nicht mehr gut sehen können: Eine Auswahl von Ereignissen der Woche wird zusammengestellt, vorgelesen und diskutiert. Und Letzteres geht besonders gut bei einer Tasse Kaffee und Stollenkonfekt.

Zubereitung

Als erstes Rosinen, Zitronat, Orangeat und Mandeln mit dem Rum begießen und zugedeckt durchziehen lassen.

Für den Teig Mehl, Salz, Zucker und Gewürz in eine Schüssel geben, vermischen und in die Mitte eine Vertiefung drücken. Die warme Milch in diese Vertiefung gießen und die Hefe hineinkrümeln. Milch und Hefe leicht verrühren und zugedeckt an einem nicht zugigen Platz bei Zimmertemperatur 15 Minuten gehen lassen.

Währenddessen die weiche Butter mit dem Puderzucker und dem Marzipan mit dem Handrührgerät schaumig rühren. Den Vorteig erst mit der Mehlmischung verkneten, dann die Marzipanmasse und die Rummischung untermengen. Diesen Teig noch einmal etwa 30 Minuten zugedeckt gehen lassen. Anschließend auf einer bemehlten Unterlage fingerdick ausrollen und in Quadrate von zwei Zentimetern Kantenlänge schneiden.

Das Konfekt auf mit Backpapier ausgelegte Backbleche legen (zwischen den einzelnen Stücken immer etwa 2 cm Platz lassen) und auf den Blechen mit einem Küchenhandtuch abgedeckt noch einmal 10 Minuten gehen lassen. Die Teigmenge reicht für drei Bleche Stollenkonfekt.

Anschliessend im vorgeheizten Ofen etwa 15–20 Minuten bei 200 °C Ober- und Unterhitze (Umluft: 180 °C) backen.

Währenddessen die Butter schmelzen. Nach dem Backen die noch heißen Konfektstücke in der flüssigen Butter wenden und dann in Puderzucker wälzen, bis sie ganz bedeckt sind. Auf mit Backpapier ausgelegten Kuchenrosten abkühlen lassen. Danach das Stollenkonfekt in luftdichten Behältern verschließen und mindestens zwei Wochen durchziehen lassen.

Gaby Wulfers und Antonia Leiermann (Münster-Wolbeck)

Münsterländer Struwen

500 g > Mehl
500 ml > lauwarme Milch
40 g > frische Hefe
40 g > Zucker
300 g > Rosinen, möglichst ungeschwefelt
1/2 TL > Salz
2 > Eigelb
500 g > Pflanzenfett (z. B. Kokosfett)

TIPP
Dazu kann man Salzkartoffeln mit zerlassener Butter und / oder Pflaumenkompott reichen.

Zubereitung

Das Mehl in eine große Schüssel sieben, eine Vertiefung in die Mitte drücken, die Hefe hineinbröckeln, den Zucker und 100 ml der lauwarmen Milch dazugeben. Mit einem Schneebesen oder Handrührgerät einen dünnen Vorteig zubereiten, indem man nur ganz wenig Mehl mit verarbeitet. Die Schüssel abdecken und den Teig eine halbe Stunde bei Zimmertemperatur gehen lassen.

In der Zwischenzeit die Rosinen abwaschen und in einem Sieb abtropfen lassen. Eventuell mit Küchenkrepp trockentupfen. Nachdem der Vorteig gut aufgegangen ist, Salz und Eigelbe auf den Mehlrand geben und mit der restlichen warmen Milch zu einem geschmeidigen Teig verarbeiten. Am besten geht dies mit einem Handrührgerät und Knethaken. Dann die Rosinen mit einem Rührlöffel unterheben.

Die Schüssel wieder abdecken und den Teig noch einmal eine halbe Stunde bei Zimmertemperatur gehen lassen.

Reichlich Fett in einer Pfanne heiß werden lassen, dann die Energiezufuhr um die Hälfte verringern. Ist das Fett zu heiß, bräunen die Struwen zu schnell und sind im Kern noch nicht durchgebacken. Mit einem Esslöffel die Struwen portionsweise in die Pfanne setzen und goldbraun backen. Anschließend mit Zucker bestreuen und servieren.

Sie sehen aus wie Kartoffelpuffer, Mini-Muffins oder Törtchen, aber sie sind mit nichts zu vergleichen: die echten münsterländischen Struwen, die es nur einmal im Jahr gibt. Gaby Wulfers und ihre Eltern genießen sie mal mit Salzkartoffeln und zerlassener Butter, mal mit Zimt und Zucker oder mit Pflaumenkompott. Die drei Söhne von Gaby Wulfers mögen Struwen für ihr Leben gerne, aber Mutter und Oma bleiben hart. Sie sind und bleiben das typische Fastenessen und stehen nur Karfreitag auf dem Tisch. Für Hausfrauen eigentlich eine praktische Sache, denn angesichts der Ostervorbereitungen ist eine schnelle Küche gefragt.

Auf dem Hof in Münster-Wolbeck wohnen zwei Generationen unter einem Dach. Die Landwirtschaft gaben sie bereits vor Jahren auf, aber die alten Hofgebäude werden weiter genutzt, da der Viehhandel ab und zu Unterstellmöglichkeiten erfordert. Antonia Leiermann und ihre Tochter backen. Als Hobby und Nachbarschaftshilfe fing alles an, heute verfügen sie bereits über zwei Küchen: eine private und eine professionelle.

Gefragt sind ihre Brotspezialitäten aus vollem Schrot und Korn, selbst gemachte Konfitüre, Blechkuchen und Apfelstreusel genauso wie Schmandschnitten mit Früchten. Damit beliefern sie Hofläden in der Umgebung. Wenn Backtag ist, schauen die Jagdhunde in die Röhre. Dann hat Antonia Leiermann wenig Zeit für sie, aber das wird nachgeholt, denn die begeisterte Jagdhundzüchterin liebt ihre Vierbeiner über alles.

Hedwig Potthoff (Beelen)

Fruchtige Ananastorte

Für den Rührteig
125 g > Margarine
125 g > Zucker
3 > Eier
50 g > Mehl
2 TL > Backpulver
1/2 TL > Zimt
125 g > gemahlene Haselnüsse
125 g > geriebene Schokolade

Für die Füllung
1 Dose > Ananasstücke
(Abtropfgewicht 340 g)
500 ml > Sahne
2 Päckchen > Sahnesteif
ca. 2 TL > Zucker
> Schokoplättchen

Tipp
Am besten schmeckt die Torte, wenn Sie sie ein bis zwei Tage durchziehen lassen. Die Schokoplättchen sollten Sie dann aber erst kurz vor dem Servieren darüber streuen.

Als Hedwig Potthoff ein kleines Mädchen war, war es selbstverständlich, dass auf den Höfen in der Umgebung selbst gewurstet wurde. Bei ihren Eltern wurden jährlich mehrere Schweine geschlachtet und für den Eigenbedarf verarbeitet, denn schließlich war ein großer Haushalt mit vielen Personen zu versorgen. In ihrem eigenen Haushalt hat sie diese Gewohnheit beibehalten. Allerdings wird bei Potthoffs pro Jahr nur ein Schwein verarbeitet, und das teilen sie auch noch mit einer anderen Familie. „Ein Schwein für uns alleine ist einfach zu viel“, sagt Hedwig Potthoff, „das schaffen wir gar nicht.“

Dabei sind Potthoffs zu fünft: Sohn, Schwiegertochter und der kleine Enkel wohnen mit im Haus, und das Mittag- und Abendessen nehmen sie meist gemeinsam ein. Potthoffs mästen die Schweine selber auf ihrem Hof, aber das Schlachten haben sie seit ein paar Jahren an einen Schlachthof abgegeben, auch das Zerlegen des Tieres übernimmt ein Profi. Ein Teil des Fleisches kommt in die Kühltruhe. Aus dem Rest macht Hedwig Potthoff Blut- und Leberwurst und traditionelle westfälische Spezialitäten wie Möpkenbrot (mit Roggenschrot vermischtes Schweineblut) und Bratleberwurst, in die dunkles Mehl eingearbeitet wird. Möpkenbrot und Bratleberwurst sind deftige Winterspeisen, die in Scheiben geschnitten in der Pfanne gebraten werden. Hedwig Potthoff kocht für alle und freut sich, wenn auch die anderen acht Enkelkinder zu Besuch sind und es sich bei ihr schmecken lassen.

Zubereitung

Für den Rührteig Margarine, Zucker und Eier schaumig rühren. Mehl, Backpulver und Zimt vermischen und über die Eiermasse sieben. Mit dem Schneebesen vorsichtig unterheben.

Gemahlene Nüsse und geriebene Schokolade dazugeben und ebenfalls unterziehen. Den Teig in eine gefettete Springform (26 cm Durchmesser) geben. Im vorgeheizten Backofen bei ca. 170 °C etwa 40 Minuten backen.

Danach den Kuchen aus der Form lösen und am besten vier Stunden auf einem Kuchenrost auskühlen lassen.

Währenddessen die Ananasstücke abtropfen lassen. Die Sahne mit Sahnesteif und wenig Zucker steif schlagen. Ein Drittel davon in einen Spritzbeutel mit Tülle geben.

Den Tortenboden in einen dünneren Deckel und einen dickeren Boden schneiden. Die Ananasstücke gleichmäßig auf dem Boden verteilen. Dabei 12–14 Stücke für die Dekoration zurückbehalten. Ein weiteres Drittel der Sahne auf dem Tortenboden verteilen. Sie soll die Zwischenräume zwischen den Ananasstücken ausfüllen. Den Deckel auflegen und die Torte oben und rundherum mit Sahne bestreichen.

Als Dekoration mit der Spritztülle kleine Sahneröschen auf die Torte setzen. Jedes Röschen mit einem Ananasstück verzieren. In die Mitte die Schokoplättchen streuen.

Monika Robbes (Recke)

Birnen-Wein-Torte

Für den Teig
100 g > Butter oder Margarine
100 g > Zucker
1 > Ei
100 g > Mehl
100 g > gemahlene Mandeln
1 TL > Backpulver

Für die Füllung
1 Dose > Birnen (875 ml Abtropfgewicht)
1 Päckchen > weiße gemahlene Gelatine
1/4 l > Weißwein
1 Päckchen > Vanillepuddingpulver zum Kochen
2 Becher > Sahne (à 200 ml)
3 Päckchen > Sahnesteif
2 Päckchen > Vanillinzucker

Für die Brösel
8 > Butterkekse
etwa 30 g > Butter

Zubereitung

Zuerst die Birnen abtropfen lassen, den Saft dabei auffangen. Die gemahlene Gelatine nach Packungsanleitung einweichen. Mit einem Schneebesen den Birnensaft und den Wein noch kalt mit dem Puddingpulver verrühren, dann die Mischung aufkochen lassen. Die gequollene Gelatine einrühren und ohne nochmaliges Aufkochen erkalten lassen.

Für den Teig Fett, Zucker und Ei gründlich miteinander verrühren, der Zucker sollte sich auflösen. Dann Mehl, gemahlene Mandeln und Backpulver dazugeben und gut unterrühren. Eine Springform (26 cm Durchmesser) fetten und den Teig hineingeben. Im vorgeheizten Backofen bei 170 °C etwa 40 Minuten backen und dann auskühlen lassen.

Für die Brösel die Butter in einer Pfanne erhitzen und die Butterkekse fein hineinkrümeln, alles vorsichtig braten. Die Brösel sollen nicht zu braun werden.

Für die Füllung die Birnenhälften in kleine Stücke schneiden. Die Sahne mit Vanillinzucker und Sahnesteif aufschlagen. Die abgekühlte Wein-Pudding-Creme unter die steif geschlagene Sahne ziehen und zum Schluss die Birnenstücke unterheben.

Einen Tortenring um den Boden legen und die Birnen-Wein-Sahne einfüllen und glatt streichen. Die Brösel darauf verteilen und die Torte etwa sechs Stunden kalt stellen.

Seit 1998 gibt es die Marina Recke, einen kleinen Hafen am Mittellandkanal im Ortsteil Steinbeck. Monika und Helmut Robbes kümmern sich als Hafenmeister um die Boote, die hier auf ihren Touren festmachen. Von der Terrasse des Büros schaut man hinunter auf das kleine separate Hafenbecken, in dem Schiffe verschiedenster Größe an einem hölzernen Steg vertäut liegen. Im Sommer reichen die 70 Liegeplätze manchmal kaum aus, erzählt Monika Robbes. Manche Gäste bleiben zwar nur wenige Tage, aber andere liegen mit ihren Schiffen länger im Hafen und erkunden gründlich die Umgebung. Im vergangenen Sommer waren das benachbarte Waldfreibad und die Gegend um Recke besonders beliebt. Monika Robbes gab Tipps für Ausflüge und sorgte am Wochenende für Unterhaltung durch Grillfeste mit Livemusik auf der Terrasse oberhalb der Liegeplätze.

Als Robbes die Hafenmeisterei der Marina Recke übernahmen, da hat sie auch einen Bootsführerschein gemacht, denn „man muss ja schließlich mitreden können". Robbes Ausflugsboot, die „Paula", hat einen festen Liegeplatz im Hafen. Man kann sie für kleine Touren und Feiern mieten und sich neuerdings auf ihr trauen lassen. Monika Robbes versorgt ihre Gäste dann auf den zweistündigen Fahrten mit selbst gebackenem Kuchen oder ganzen Buffets. Und manchmal kommt sie auch dazu, selbst mit der Paula zu fahren.

Hildegard Grevenstette (Ahaus-Wüllen)

Drei-Tage-Zitronentorte

Für den Mürbeteig
150 g > Mehl
1 Prise > Salz
100 g > kalte Butter
50 g > Puderzucker
1 Päckchen > Vanillinzucker
3 Tropfen > Backöl Zitrone

Für den Rührteig
250 g > Butter
250 g > Zucker
1 Päckchen > Vanillinzucker
4 > Eier
250 g > Mehl
2 gestr. TL > Backpulver
2 EL > Kakaopulver

Für die Füllung
800 ml > Sahne
2 Päckchen > Vanillinzucker
2 EL > Zucker
10 EL > frisch gepresster Zitronensaft
1–2 EL > Aprikosenkonfitüre
ca. 4 EL > Puderzucker (oder Dekorschnee)
100 ml > Sahne
1 > ungespritzte Zitrone

Zubereitung

Für den Mürbeteigboden die Zutaten miteinander verkneten und zu einer kurzen Rolle formen. Zwei Stücke Backpapier abreißen. Diese sollten etwas größer sein als für eine Springform von 26 cm Durchmesser notwendig.

Den Backofen auf 180 °C Ober- und Unterhitze vorheizen (Umluft 160 °C). Den Teig zwischen die beiden Backpapierlagen legen und mit der Teigrolle kreisrund ausrollen. Mit dem Springformrand die passende Teiggröße ausstechen (den restlichen Teig anderweitig verwerten) und auf einem Backblech etwa 12 Minuten backen. Den Mürbeteigboden auskühlen lassen.

Für den Rührteig Butter, Zucker, Vanillinzucker und Eier schaumig schlagen. Mehl und Backpulver vermischen und unterrühren.

Den Backofen auf 180 °C Ober- und Unterhitze (Umluft 160 °C) vorheizen. Vier Springformränder oder Tortenringe (alle 26 cm

Aus dem wohl romantischsten aller Gründe ist Hildegard Grevenstette vor acht Jahren aus dem Oldenburger Münsterland in Niedersachsen ins nordrhein-westfälische Münsterland gezogen: „Der Liebe wegen“, wie sie selber sagt. Und damit fing für sie ein ganz neues Leben an. Zwar hatte sie vorher auf dem Dorf gelebt, aber nicht auf einem Bauernhof, und das Dorf war ein Dorf ohne Tiere. In ihrem neuen Zuhause beginnt ihr Tag mit Stallarbeit, dem Füttern der Rinder. An das Leben auf dem Hof musste sie sich erst gewöhnen. Aber die Arbeit mit den Tieren und das Zusammensein und -arbeiten mit ihrem Mann haben ihr von Anfang an gefallen, mittlerweile sind sie ein eingespieltes Team. Außer ihrem Mann kannte Hildegard Grevenstette zuerst niemanden in ihrer neuen Heimat. Aber die Nachbarinnen luden sie sofort ein, zur Handarbeitsgruppe der Landfrauen mitzukommen. Handarbeiten war immer schon Hildegard Grevenstettes Hobby und so sagte sie gerne zu. Seitdem nimmt sie regelmäßig an den Treffen teil, die in der kalten Jahreszeit immer abwechselnd bei einer von ihnen stattfinden. Etwa 20 Frauen sind sie, die schon seit 18 Jahren gemeinsam sticken, stricken oder häkeln. Alle zehn Jahre richten sie gemeinsam eine große Handarbeitsausstellung aus. An einer hat auch Hildegard Grevenstette schon mitgearbeitet, die nächste wird in etwa acht Jahren stattfinden und dafür ist noch viel zu tun.

Durchmesser) auf mit Backpapier ausgelegte Bleche setzen.

Den Teig teilen. Die eine Hälfte des Teiges auf zwei der vorbereiteten Bleche verteilen (also zwei dünne helle Rührteigböden herstellen). Den Rest Teig mit dem Kakaopulver vermischen. Diesen dunklen Teig auf die restlichen beiden Bleche streichen, sodass zwei dunkle Rührteigböden entstehen. Die Böden jeweils etwa 12 Minuten backen und auskühlen lassen.

Für die Füllung die 800 ml Sahne mit dem Vanillinzucker steif schlagen. Anschließend Zucker und Zitronensaft kurz mit dem Mixer unterrühren.

Den Mürbeteigboden mit der Aprikosenkonfitüre bestreichen, einen hellen Rührteigboden auflegen und mit einem Teil der Zitronensahne bestreichen. Einen der dunklen Böden auflegen und wieder mit Zitronensahne bestreichen. Wieder einen hellen Boden auflegen und die Torte oben und rundherum mit Sahne bestreichen. Den letzten dunklen Boden auflegen und alles für zwei bis drei Tage in den Kühlschrank stellen.

Vor dem Servieren die Torte mit Puderzucker (oder Dekorschnee) bestreuen. Die Sahne steif schlagen und pro Tortenstück einen Sahnetupfer aufsetzen. Die ungespritzte Zitrone waschen und in schmale Spalten schneiden. Jeden Sahnetupfer mit einer Zitronenspalte verzieren.

Tipp
In Frischhaltefolie gewickelt, hält sich roher Mürbeteig im Kühlschrank etwa sechs Wochen.

Maria Büning (Laer)

Erdbeerbiskuit

Für den Biskuitteig
100 g > Rohrzucker
8 > Eigelb
4 > Eiweiß
100 g > Mehl

Für die Füllung
ca. 1 kg > Erdbeeren
450–500 ml > Sahne
(30 % Fett)
100 g > gehobelte Mandeln

Tipp
Wer's süßer mag, kann 1–2 EL Zucker an die Sahne geben.

Die Tiere, die Bünings auf ihrem Hof züchten, stehen fast alle auf der so genannten Roten Liste, sind also vom Aussterben bedroht. Es sind robuste alte Haustierrassen mit so klangvollen Namen wie „Bunte Bentheimer" oder „Schwäbisch-Hällische". Diese Schweine haben bei Bünings einen halboffenen, mit Stroh gefüllten Stall und viel Auslauf, denn sie vertragen es, im Sommer wie im Winter draußen zu leben. Westfälische Totleger, Diepholzer Gänse und Pommernenten bietet Maria Büning außerdem an, wenn sie sich drei Mal in der Woche zum Markt nach Münster aufmacht, um ihre Fleisch- und Wurstwaren zu verkaufen.

Erst seit 1990 sind Bünings hauptberuflich Landwirte, vorher war die Schweinezucht nur ihr Hobby. Von Anfang an war klar, dass sie Bio-Landwirtschaft betreiben und sich für die Erhaltung der alten Nutztierrassen einsetzen wollten. Für die konventionelle Landwirtschaft eignen sich diese Tiere nicht mehr, denn dafür bringen sie nicht genug Leistung. Die Vielfalt der alten Rassen ging seit dem Ende des Zweiten Weltkrieges durch die Industrialisierung in der Landwirtschaft zunehmend zurück. Die verbleibenden Bestände findet man fast nur noch in Haustierparks oder auf den bundesweit etwa 75 so genannten Arche-Höfen wie bei Bünings. Wenn Maria Büning im Schweinestall nach ihren „Bunten Bentheimern" schauen will und sie aus einem Strohberg nur noch ein paar gescheckte Ohren herausragen sieht, findet sie wieder einmal, dass sie einen prima Beruf hat.

Zubereitung

Für den Teig die acht Eigelbe mit der Hälfte des Zuckers sehr cremig rühren. Die Eiweiße mit dem restlichen Zucker zu sehr festem Eischnee schlagen.

Den Backofen auf die höchste Stufe vorheizen (240–250 °C). Den Eischnee zur Eigelbcreme geben, das Mehl darüber sieben und beides mit einem Rührlöffel unterheben.

Den Teig auf einem mit Backpapier ausgelegten Backblech glatt verstreichen und etwa 10 Minuten backen. Er soll eine goldgelbe Farbe haben. Ein Küchentuch darüber breiten und den Biskuitboden darauf stürzen. Ein Tuch befeuchten, das Backpapier damit abreiben und vorsichtig abziehen. Etwa 15 Minuten auskühlen lassen.

Währenddessen die Erdbeeren säubern und die Sahne schlagen. Vier besonders dicke Erdbeeren zurückbehalten. Den Boden in drei gleiche Teile schneiden. Auf einen Boden dünn Sahne auftragen und darauf die ganzen Erdbeeren dicht aneinander setzen. Den nächsten Boden auflegen und dick mit Sahne füllen. Den dritten Boden auflegen und den Kuchen oben und rundherum mit der restlichen Sahne bestreichen.

Die dicken Erdbeeren halbieren, darauf setzen und zum Schluss die Mandeln darüber streuen.

Maria Fröhlich (Wadersloh)

Joghurt-Himbeerschnitten

Für den Rührteig
5 > Eier
150 g > Zucker
1 Päckchen > Vanillinzucker
200 g > Mehl
1 Päckchen > Backpulver
70 ml > Pflanzenöl

Für die Füllung
450 g > Vollmilchjoghurt
75 g > Zucker
Saft von 1 > Zitrone
500 ml > Schlagsahne
12 Blatt > weiße Gelatine

250 g > tiefgefrorene oder frische Himbeeren
1 Päckchen > roter Tortenguss
(wenn Sie frische Himbeeren verwenden, kommt noch 1/4 l Kirschsaft dazu)

Für die Dekoration
125 ml > Schlagsahne
> Zitronenmelisse
> Schokoplättchen

Zubereitung

DIE GEFRORENEN HIMBEEREN auftauen lassen und dabei den Saft auffangen.

FÜR DEN RÜHRTEIG den Backofen auf 200 °C vorheizen. Ein Backblech mit Backpapier auslegen und einen viereckigen flexiblen Tortenring darin aufspannen, sodass er die ganze Blechgröße ausfüllt.

DANN DIE EIER mit dem Zucker und dem Vanillinzucker schaumig schlagen. Mehl und Backpulver mischen, nach und nach zur Eimasse geben und unterrühren. Zum Schluss unter Rühren das Öl dazugießen. Den Teig auf das Backblech in den Tortenring gießen, glätten und in etwa 15 Minuten goldbraun backen. Auskühlen lassen.

Die Gegend um Wadersloh hat es Maria Fröhlich angetan. Hier im südöstlichsten Zipfel des Münsterlandes ist sie geboren und aufgewachsen und noch immer hat er nichts von seiner Faszination verloren. Besonders wenn im Frühjahr die Landschaft wieder in üppiges Grün getaucht ist und es wieder Spaß macht, mit dem Fahrrad durchs flache Land zu fahren. An klaren Tagen, so erzählt sie, hat man von Wadersloh einen wunderschönen Blick bis ins Sauerland. Das einzige, was fehle, sei Wasser. Ein See zum Beispiel, aber dafür gebe es viel Wald.

Die Alternative, wenn das Wasser schon nicht zu Hause ist, im Urlaub dorthin zu fahren, wo es Wasser gibt, ist ihre Sache nicht. Einmal war sie mit ihrem Mann Arnold und den beiden Kindern Andreas und Sandra in Malaga im Urlaub. Das ist schon lange her, da waren die beiden noch klein. Aber so schön das Meer auch war, schon nach kurzer Zeit überfiel sie das Heimweh. „Wenn wir ein Auto dabei gehabt hätten, wäre ich schon nach ein paar Tagen wieder nach Hause gefahren, statt drei Wochen zu bleiben." Ihre Neugier auf fremde Länder und neue Einflüsse lebt sie lieber in der Küche aus. Beim Kochen und Backen experimentiert sie gern mit neuen, fremden Rezepten. Allerdings nur für sich selbst. Denn was das Essen betrifft, da sind die beiden Männer nicht experimentierfreudig: „Mein Mann und mein Sohn, die sind mehr für die einheimische Küche, denen muss ich mit ungewohnten Gerichten gar nicht erst kommen. Allerdings glaube ich, mein Mann würde gerne öfter verreisen."

Für die Füllung Joghurt mit Zucker und Zitronensaft glatt rühren. Die Sahne steif schlagen und kühl stellen. Die Gelatine nach Packungsanweisung einweichen.

Währenddessen die aufgetauten und abgetropften Himbeeren auf dem Rührteigboden verteilen. Die Gelatine auflösen, dann 1 EL der Joghurtmasse einrühren, damit sie etwas abkühlt. Erst dann die Gelatine mit dem restlichen Joghurt verrühren und für 5–10 Minuten in den Kühlschrank stellen.

Wenn die Joghurtmasse beginnt, steif zu werden und zu gelieren, die geschlagene Sahne unterheben und alles auf den Himbeerboden im Tortenring füllen.

Über Nacht kühl stellen, sodass die Joghurtfüllung richtig fest werden kann. Am nächsten Tag aus dem aufgefangenen Himbeersaft einen Tortenguss kochen; sollte der Saft nicht reichen, den fehlenden Rest mit Wasser auffüllen. Wenn Sie die Torte mit frischen Himbeeren zubereiten, stellen Sie den Tortenguss mit 1/4 l Kirschsaft her. Den Guss gleichmäßig auf dem Kuchen verteilen und fest werden lassen.

Zum Schluss mit Sahneklecksen verzieren. In jedes Sahnehäufchen ein Blatt Zitronenmelisse und ein Schokoplättchen stecken.

Elisabeth Meschede (Münster)

Johannisbeer-Haselnuss-Baiser

Für den Teig
250 g > Mehl
125 g > Margarine
100 g > Zucker
1 Prise > Salz
1 > Ei
1 TL > Backpulver
> abgeriebene Schale einer halben unbehandelten Zitrone
> etwas Fett

Für den Belag
500 g > Johannisbeeren (schwarz oder rot)
evtl. etwas > Zucker
4 > Eiweiß
1 Prise > Salz
130 g > Zucker
3 > Eigelb
0,01–0,2 cl > Rum, je nach Geschmack
100 g > Haselnüsse
1 EL > Speisestärke

Dort, wo andere gerne feiern, ist ihr Zuhause. Elisabeth Meschede wohnt auf Gut Havichhorst. Jahrhunderte lang wurde hier Landwirtschaft betrieben. Doch auch vor seinen Toren machte der Strukturwandel nicht halt – die letzten Besitzer stellten schon vor vielen Jahren die Landwirtschaft ein. Die Stiftung Westfälische Landschaft erwarb den Hof und restaurierte ihn. Heute ist das Gut mit klassischer Sandsteinfassade am Rand der Stadt Münster eine gefragte Adresse, wenn es darum geht, zu feiern oder politische Diskussionen zu führen.

Ein gastliches Haus mit charmanter Gastgeberin – Elisabeth Meschede ist der gute Geist des Hauses, die Hausdame mit Computer, Organisationstalent und einem feinen Gespür für die Wünsche der Gäste. Gelernt hat sie das Hotelfach plus Betriebswirtschaft von der Pike auf. 1998 verschlug es sie von Baden-Baden nach Westfalen. Egal ob Arbeitsessen im Kaminzimmer oder Hochzeitstafel, sie und ihr Team umsorgen alle. Nach Feierabend ist der Weg vom Schreibtisch nach Hause nicht weit. Ihre Wohnung liegt im ersten Stock, von wo aus sie in den Park schaut. Wohnen und Arbeiten unter einem Dach – das genießt Elisabeth Meschede, auch wenn Touristen ab und zu etwas zu neugierig in den Garten strömen und sich wundern, dass es kein Bauernhofcafé gibt.

Ihr Hobby aber ist nicht erdverbunden – sie liebt die See und das Segeln. Einmal im Jahr muss sie aufs Wasser. Kochen und Backen mit Freunden gehört dazu und in der Kajüte gibt's dann Johannisbeer-Haselnuss-Baiser, ihren Lieblingskuchen nach Mutters Rezept.

Zubereitung

Für den Teig alle Zutaten nacheinander in eine Schüssel geben und daraus einen Mürbeteig kneten. Eine Stunde kalt stellen, ausrollen und auf den Boden einer Springform (26 cm Durchmesser) legen.

Die Johannisbeeren waschen und entstielen.

Für die Baisermasse die Eiweiße mit der Hälfte des Zuckers und dem Salz steif schlagen. Die Eigelbe schaumig schlagen, den restlichen Zucker und den Rum hinzufügen. Die Haselnüsse mit der Speisestärke vorsichtig unterrühren und zum Schluss noch den Eischnee unterheben. Diese Baisermasse mit den Johannisbeeren vermengen und auf den Mürbeteig geben.

Im Umluftofen bei 175 °C 45 Minuten backen. Bei Ober- und Unterhitze sollte die Backzeit um 5–10 Minuten verlängert werden, bis der Baiser eine goldgelbe Farbe hat.

Maria Schoppengerd (Sünninghausen)

Kardinalstorte

Für den Rührteig
125 g > **Butter oder Margarine**
125 g > **Zucker**
3–4 > **Eier (je nach Größe)**
50 g > **geraspelte Vollmilchschokolade**
1 TL > **Zimt**
50 g > **Vollkornmehl**
2 TL > **Backpulver**
100 g > **gemahlene Haselnüsse**

Für den Belag
1 Glas > **Sauerkirschen (680 g inkl. Saft)**
2 EL > **Speisestärke**
1 Päckchen > **Rotweincreme** (je nach Hersteller ist der Rotwein zusammen mit dem Instantpulver evtl. schon im Päckchen enthalten; wenn nicht, richten Sie sich bei der Mengenangabe für den Rotwein nach der Packungsanweisung)
evtl. 6 EL > **Wasser**, je nach Packungsanweisung
1/4 l > **Sahne**

Für die Dekoration
1/8 l > **Sahne**
> **Zartbitter-Schokoplättchen**

Wenn in der Musikschule Beckum-Warendorf ein neues Musical in Angriff genommen wird, dann weiß Maria Schoppengerd, dass viel Arbeit auf sie zukommt. Ihre Tochter Carina ist zehn Jahre alt und singt im Chor der Musikschule. Gemeinsam mit 20 anderen Müttern näht Maria Schoppengerd dann ein Mal in der Woche an Kostümen für die bevorstehende öffentliche Aufführung. Nebenan proben die Söhne und Töchter die Lieder. Zum Glück für die Mütter dauert die Vorbereitungszeit für jedes Musical mehrere Monate, denn insgesamt 120 Kostüme müssen sie während dieser Zeit schaffen. Schließlich will jedes der Kinder stückgemäß angezogen bzw. verkleidet sein.

Das Musical „Der kleine Mombotz" wurde vor ein paar Jahren vom Südwestfunk aufgenommen und im Fernsehen gesendet. Seitdem ist die kleine Puppe mit den wuscheligen abstehenden roten Haaren – eben der Mombotz – das Maskottchen der Schule. Wenn sie nicht gerade mit den Kostümen beschäftigt sind, nähen Maria Schoppengerd und die anderen Mütter lauter kleine Mombötzchen. Bei Veranstaltungen verkaufen sie diese und finanzieren mit dem Erlös den Kauf neuer Stoffe. Und eigentlich freuen sie sich alle, wenn wieder ein neues Stück vorbereitet wird und neue Kostüme ausgedacht und genäht werden müssen – trotz der vielen Arbeit.

Zubereitung

Für den Rührteig die Zutaten mit dem Mixer verrühren. Den Teig in eine gefettete oder mit Backpapier ausgelegte Springform (26 cm Durchmesser) geben und im vorgeheizten Ofen bei 160–180 °C ca. 30 Minuten backen.

Die Kirschen abtropfen lassen, den Kirschsaft dabei auffangen. Für die Dekoration 13 Kirschen beiseite legen.

Wenn der Boden ausgekühlt ist, die Speisestärke mit etwas Kirschsaft glatt rühren. Den übrigen Kirschsaft aufkochen und mit dem Schneebesen die Speisestärke einrühren. Den Topf vom Herd nehmen und sofort mit einem Löffel die Kirschen unter die Masse heben. Nur kurz abkühlen lassen.

Währenddessen einen flexiblen Tortenring um den Boden spannen. Die Kirschmasse noch warm auf dem Boden verteilen. Ganz erkalten lassen.

Dann nach Packungsanweisung die Rotweincreme zubereiten und die Sahne unterheben. Die Creme auf die Kirschmasse streichen und mindestens eine Stunde im Kühlschrank kalt stellen. Danach die Torte mit Sahnetupfern, Kirschen und den Schokoplättchen verzieren.

Tipp

Bei der Zubereitung der Rotweincreme sollte man darauf achten, dass Rührschüssel und Rührbesen absolut fettfrei sind.

Elisabeth Plümpe (Beckum)

Rhabarberkuchen mit Gitter

Für den Hefeteig
500 g > Mehl
ca. 35 g > Hefe
2 > Eigelb
60 g > Zucker
60 g > Margarine
1 Prise > Salz
3 Tropfen > Zitronenaroma
ca. 1/4 l > Milch

Für die Füllung
2 > Eiweiß
150 g > Zucker
2 Päckchen > Vanillepuddingpulver zum Kochen
1 EL > Vanillinzucker
3/4 l > Milch
600 g > roter Rhabarber (ungeschält, in Stücke von 1/2 cm Länge geschnitten)

Für die Dekoration
> mindestens 8 EL Hagelzucker

Tipp
Der Kuchen schmeckt am besten frisch.

Sehr idyllisch liegt der Hof Plümpe auf Gut Holsen am Rande der Beckumer Berge zwischen Beckum und Sünninghausen. Zum ersten Mal wurde er im Jahre 1297 urkundlich erwähnt und seither war er ständig bewirtschaftet. Heute betreiben Plümpes Schweine- und Bullenmast und verkaufen Weihnachtsbäume.

Immer freitags duftet es aber auf dem Hof nach Elisabeth Plümpes Spezialitäten: frischem Brot und Kuchen aus dem alten Steinofen, den sie mit Holz befeuert. Freitags nachmittags verkauft sie ihre Backwerke in ihrem kleinen Hofladen. Viele ihrer Kunden dehnen bei dieser Gelegenheit ihren Einkaufsbummel ein wenig aus und schnuppern bei einer Tasse Kaffee und einem Stück Kuchen Hofatmosphäre. Elisabeth Plümpe freut sich, wenn ihre Gäste Interesse an der Landwirtschaft zeigen und sie ihnen den Hof und die Tierhaltung darauf erklären kann. Sie findet es wichtig, Besuchern Einblick in die Ställe zu gewähren und ihnen das heutige Landleben näher zu bringen.

Deshalb haben sich Plümpes und andere Landwirte aus der Gegend um Beckum und Oelde etwas Besonderes ausgedacht: die Höfe-Tour für Besuchergruppen. Sie führt zu verschiedenen Höfen, die alle unterschiedliche Schwerpunkte in ihrer Bewirtschaftung haben. Per Fahrrad oder mit dem Planwagen geht es an Feldern, Wald und Wiesen entlang. Wenn man dann auf Gut Holsen zufährt, kann man sich gut vorstellen, wie es hier im 13. Jahrhundert gewesen sein mag.

Zubereitung

Für den Hefeteig alle Zutaten, aber nur die Hälfte der Milch in eine Rührschüssel geben und mit der Küchenmaschine oder mit den Händen verkneten. Die restliche Milch zum Schluss zugeben und so lange kneten, bis der Teig geschmeidig ist.

Den Teig zudecken und an einem warmen und nicht zugigen Platz zwei Stunden gehen lassen. Dabei ab und zu durchkneten.

In der letzten Viertelstunde der Ruhephase die Vanillecreme kochen: Die Eiweiße steif schlagen, dabei nach und nach den Zucker einrieseln lassen. Puddingpulver und Vanillinzucker mit 1/8 l Milch glatt rühren, die restliche Milch aufkochen. Die Puddingpulver-Mischung mit dem Schneebesen einrühren, noch einmal aufkochen lassen und vom Herd nehmen. Das geschlagene Eiweiß unterziehen.

Ein Backblech einfetten. Vom Hefeteig ein Drittel (für das Gitter) abteilen. Den Rest des Teiges auf einer bemehlten Arbeitsfläche ausrollen, sodass er auf das Backblech passt. Den Teig auf das Backblech legen, etwas glatt ziehen und andrücken.

Dann die Creme auf dem Teigboden verteilen und die rohen Rhabarberstücke darauf streuen. Den Teig für das Gitter ausrollen und mit einem Gitterschneider (gibt es in Haushaltswarenläden zu kaufen) zweimal der Länge nach darüber rollen. Den „durchlöcherten“ Teig auf den Kuchen legen und dabei leicht auseinander ziehen, sodass ein Gittermuster sichtbar wird. Sollte beim ersten Ausrollen bzw. Hochnehmen des Teiges das Teigstück auseinander fallen, einfach noch einmal verkneten, neu ausrollen und erneut das Muster aufbringen.

Den Rand des Kuchens mit einer Teigkarte in die Form drücken. Den Umluftofen auf 175 °C (bei Ober- und Unterhitze auf 195 °C) vorheizen.

Zum Schluss den Rhabarberkuchen mit reichlich Hagelzucker bestreuen, noch einmal etwa 10 Minuten stehen lassen und auf der dritten Schiene von unten ca. 25 Minuten backen.

Gaby Miling (Münster-Amelsbüren)

Waffeltorte mit frischen Früchten

Für den Waffelteig
4 > Eier
200 g > Zucker
1 Päckchen > Vanillinzucker
1 Prise > Salz
50 g > Speisestärke
200 g > Mehl
200 g > Butter oder Margarine
1/8 l > warme Milch

Für die Füllung
2 Becher > Sahne (à 200 ml)
40 g > Zucker
1 Päckchen > Sahnesteif
1 Dose > Mandarin-Orangen
3 > Kiwis
250 g > Erdbeeren
4 EL > Puderzucker

Tipp
Die restlichen erkalteten Waffeln lassen sich (allerdings ohne Sahne und Früchte) gut einfrieren. Anstelle der Erdbeeren können Sie auch Himbeeren oder Blaubeeren verwenden.

Zubereitung

Für den Teig Eier, Zucker, Salz und Vanillinzucker schaumig schlagen, Speisestärke und Mehl dazugeben und unterheben. Butter oder Margarine erwärmen und flüssig werden lassen. Mit der warmen Milch vermischen und zusammen unter den Teig rühren.

Für die Torte im Waffeleisen fünf Waffeln backen und gut auskühlen lassen. Den restlichen Teig weiter zu Waffeln verarbeiten (entweder für eine zweite Torte nutzen oder aufessen ...).

Für die Füllung die Mandarin-Orangen abtropfen lassen. Die

Der Garten der Familie Miling ist ein kleines Spielparadies. Spielgeräte gibt es hier, um darauf zu schaukeln, darin zu fahren und um darauf herumzuklettern – das nutzen die drei Miling-Kinder nach Kräften aus: Sven (9 Jahre), Melanie (7 Jahre), Ines (4 Jahre) und mit ihnen regelmäßig viel Besuch. Milings wohnen auf dem Lande und statt selbst die ganze Zeit mit ihren drei Kindern irgendwohin zu fahren, hat Gaby Miling lieber deren vielen Freundinnen und Freunde zu Hause zu Besuch. Ihre Devise: „Je mehr Kinder da sind, desto mehr Ruhe hat man." Und so vergnügen sich nicht selten zehn oder fünfzehn von ihnen in ihrem Garten. Auf einen mehr oder weniger kommt es ihr nicht an.

Im vergangenen Jahr war die kleine Japanerin Mickey regelmäßig nach dem Kindergarten bei Milings; ihre Mutter machte ein Praktikum und konnte sich in dieser Zeit tagsüber nicht um ihre kleine Tochter kümmern. Die bekam so Gelegenheit, in Kontakt mit der für sie sehr fremden deutschen Sprache zu kommen. Beim Herumtollen mit den anderen Kindern erwiesen sich die Sprachschwierigkeiten als kein großes Hindernis.

Wenn Gaby Miling sich nicht gerade zu Hause um tobende Kinder kümmert, dann macht sie das in einer Turnhalle. Sport ist wichtig für Kinder, findet sie. Aber egal ob Geräteturnen oder Spiele, Hauptsache, es macht allen Spaß.

Sahne mit Zucker und Sahnesteif sehr steif schlagen und kühl stellen. Die Kiwis schälen und in Scheiben schneiden. Die Erdbeeren säubern, das Grün entfernen und größere Exemplare halbieren.

Von den Waffeln die überstehenden Ränder entfernen, sodass die Herzchen deutlich erkennbar sind. Die Sahne in einen Spritzbeutel mit gezackter Tülle füllen.

Nun die Torte schichten, das geht am besten auf der Tortenplatte, auf der sie serviert werden soll. Auf den Rand der untersten Waffel Sahne spritzen (also die Herzchenkonturen mit der Spritztülle nachziehen), sodass sie von außen gut zu sehen ist. Dann die Mitte der Waffel mit Sahne bedecken. Die nächste Waffel auflegen. Dabei (und bei jeder folgenden Waffel) darauf achten, dass die Herzchen nach außen möglichst genau übereinander liegen – das erleichtert später das Schneiden.

Wieder den Rand der Waffel mit der Sahne nachziehen, aber die Mitte frei lassen. Die Mandarin-Orangen mit der Wölbung nach außen auf den Sahnerand legen, das Innere der Waffel auch mit den Früchten bedecken. Dabei immer nur die Herzchen auslegen, damit die Torte besser geschnitten werden kann (das gilt auch für die restlichen Früchtelagen).

Die nächste Waffel auflegen und wie bei der vorherigen die Kiwis auf der Sahne und auf der Waffel verteilen. Zum Schluss das Ganze mit den Erdbeeren wiederholen. Die fünfte Waffel in fünf Herzchen-Stücke zerteilen und die Torte damit bedecken.

Alles – auch den freien Platz auf der Tortenplatte – mit Puderzucker bestreuen. In die Mitte der Torte aus zwei Erdbeerhälften, zwei Mandarin-Orangen und zwei Sahnestrichen einen Schmetterling legen. Auf den Puderzuckerboden um die Torte herum Erdbeeren, Kiwis und Mandarin-Orangen verteilen. Sollten noch Früchte und Sahne übrig sein, einfach aufessen …

Mechthild Kobrink (Oelde-Lette)

Zitronenschnitten

Für den Rührteig
200 g > Butter oder Margarine
200 g > Zucker
1 Päckchen > Vanillinzucker
4 > Eier
250 g > Mehl
1/2 Päckchen > Backpulver

Für die Füllung
400 ml > Wasser
200 g > Zucker
1 Päckchen > Vanille-puddingpulver
Saft von > 1 1/2 Zitronen
2 > Eigelb
125 g > weiche Butter
500 ml > Sahne
2 Päckchen > Sahnesteif
1 Paket > Butterkekse (24 Stück)

Für den Guss
250 g > Puderzucker
6 EL > Zitronensaft
1 1/2 Würfel > Kokosfett
evtl. 2 EL > Wasser

Zubereitung

Für den Teig Fett, Zucker, Vanillinzucker und Eier schaumig schlagen. Mehl und Backpulver miteinander vermischen und unter die Masse rühren. Ein Backblech einfetten oder mit Backpapier auslegen und den Teig darauf verstreichen. Die Oberfläche glätten und im vorgeheizten Ofen mit Ober- und Unterhitze bei 175 °C ca. 20 Minuten backen.

Währenddessen für die Zitronencreme das Puddingpulver mit etwas Wasser und Zucker anrühren. Das restliche Wasser und den Zucker zum Kochen bringen und die Puddingmischung einrühren, kurz aufkochen lassen und den Topf vom Herd nehmen. Zitronensaft, Eigelb und Butter mit dem Schneebesen unterrühren.

Wenn der Kuchen aus dem Ofen kommt, die Zitronencreme noch heiß darauf streichen und auskühlen lassen (das dauert mindestens anderthalb Stunden). Die Sahne mit Sahnesteif schlagen und über die Creme streichen. Die Butterkekse dicht auf der Sahneschicht verteilen und etwas festdrücken.

Für den Guss Puderzucker und Zitronensaft verrühren, das Kokosfett vorsichtig erwärmen und flüssig werden lassen und dann unter die Mischung rühren. Sollte sie zu fest sein, etwas warmes Wasser unterrühren. Den Kuchen mit dem Guss überziehen.

An jedem zweiten Montagabend erklingt im Heimathaus der Letter Landfrauen Volksmusik. Meist ist es Instrumentalmusik ohne Gesang. Stattdessen hört man das rhythmische Tappen von vielen Füßen, unterbrochen von entschiedenen Kommandos, die eine männliche Stimme gibt. Dann proben die 30 Frauen der Volkstanzgruppe der Letter Landfrauen mit ihrem Trainer in der Letter Deele.

Mechthild Kobrink ist seit neun Jahren dabei. Sie begann mit dem Tanzen, als ihre vier Kinder groß waren. Besonders gefällt ihr, dass die Gruppe öffentlich auftritt. Dann kann man gezielt üben, findet sie, und es macht mehr Spaß. 2001 haben sie in Potsdam bei der Bundesgartenschau ihr Können gezeigt. Das Repertoire der Volkstanzgruppe umfasst Tänze aus Bayern, den Niederlanden, Schweden, Niedersachsen und natürlich aus dem Münsterland. Gut 20 Tänze haben sie abrufbar in ihrem derzeitigen Programm. Um die 80 verschiedene Tänze haben sie insgesamt schon einstudiert. Immerhin feiern die Damen 2004 schon das 20-jährige Bestehen ihres Vereins. Mechthild Kobrink freut sich schon auf das Jubiläum und auf die nächsten Auftritte.

Tipp
Sie sollten den Kuchen auf dem Blech zwei Tage im Kühlschrank durchziehen lassen.

Wino Seyler (Ostbevern-Brock) **und Oliver Neugebauer** (Nordwalde)

Flammkuchen

Für den Hefeteig
125 g > Weizenmehl
10 g > Hefe
1 TL > Zucker
ca. 8 EL > lauwarme Milch
10 g > Butter
1 Prise > Salz
1 > kleines Ei

Für den Belag
2–3 > Zwiebeln
4–5 > Knoblauchzehen
etwas > Olivenöl
250 g > Quark
125 g > Schmand (Sauerrahm)
1 TL > grob geschroteter Pfeffer
1/2 > frisch geriebene Muskatnuss
1 Prise > Salz
125 g > gewürfelter geräucherter Schinkenspeck

Zubereitung

Für den Vorteig das Mehl in eine Schüssel geben und in die Mitte eine kleine Vertiefung drücken. Dahinein die Hefe krümeln, Zucker und 1–2 EL Milch dazugeben und locker miteinander vermischen, dabei nur wenig von dem Mehl einarbeiten. Die Schüssel mit einem Tuch bedecken und an einem warmen, nicht zugigen Ort 30 Minuten gehen lassen.

Anschliessend Butter, Salz, Ei und etwas von der restlichen Milch dazugeben und einen festen Hefeteig aus der Masse kneten. Wenn der Teig sich sehr zäh anfühlt, noch Milch nachgeben. Die Schüssel wieder bedecken und nochmals ca. 30 Minuten gehen lassen.

In der Zwischenzeit den Belag vorbereiten: Zwiebeln klein schneiden und den Knoblauch zerdrücken. Beides in einer Pfanne in Olivenöl dünsten, bis die Zwiebeln

„Suche Ofenbauer." Mit dieser Annonce in den Westfälischen Nachrichten begann vor zwei Jahren die Zusammenarbeit eines westfälischen und eines bayerischen Ofensetzers im Münsterland. Oliver Neugebauer hatte gerade den väterlichen Betrieb in Nordwalde übernommen und suchte Unterstützung für Zeiten, wenn es zu viel zu tun gab. Wino Seyler, in Ostbevern-Brock lebender freiberuflicher Ofensetzer aus Bayern, meldete sich, und sofort wussten beide, dass sie ein gutes Team sein würden. Seit 25 Jahren gibt es die Ofensetzerei Neugebauer und die Spezialität des Hauses ist individueller Ofenbau.

Wino Seylers Leidenschaft gilt eben diesen speziellen Ofenanfertigungen. Wenn er über die Vorzüge eines Kachelgrundofens spricht, hat er glänzende Augen: „Seine Strahlungswärme, das ist wie die Sonnenstrahlen des Winters, eine ganz sanfte, gleichmäßige Wärme." Weil die Ofenkacheln so schlechte Wärmeleiter sind, verbrennt man sich an so einem Ofen nicht. Die Hitze wird noch über etwa zwanzig Stunden langsam abgegeben, wenn die Glut schon zusammengefallen ist und die Temperatur im Ofeninnern sinkt. Wino Seyler baut seine Kachelöfen auch in Italien und Griechenland.

Oliver Neugebauer hat genug mit seinem heimischen Betrieb zu tun. Er bleibt zu Hause im Münsterland, bildet seine Lehrlinge aus und sorgt dafür, dass sein hier eher seltener Handwerksberuf auch von zukünftigen Generationen weitergeführt wird.

Tipp
Wenn Sie die Flammkuchen im Ofen backen wollen, dann bemehlen Sie die Schamotteplatte oder den Dachziegel vorher großzügig, damit sich die Fladen leichter lösen lassen. Egal ob Sie die Flammkuchen im Backofen oder im Ofen zubereiten: Legen Sie die ausgerollten Fladen auf die Backunterlage, bevor Sie die Füllung darauf geben.

weich sind. Den Quark und den Schmand mit Pfeffer, Muskatnuss und Salz verrühren.

Wenn der Hefeteig aufgegangen ist, kleine Stücke davon abreißen und auf einer bemehlten Arbeitsplatte zu dünnen länglichen Fladen ausrollen. Die Seiten der Fladen leicht nach oben umbiegen, sodass die Füllung nicht herunterlaufen kann. Dann eine dünne Schicht gedünsteter Knoblauchzwiebeln darauf verteilen. Darüber etwas von der Schmand-Quarkmasse geben, sie soll den Fladen etwa vier Millimeter hoch bedecken. Darauf kommt etwas gewürfelter Schinkenspeck.

Backen im Backofen.
Den Ofen rechtzeitig auf höchste Temperatur vorheizen und die Fladen darin ca. 10 Minuten backen. Dabei sollte die Unterlage bemehlt oder mit Backpapier ausgelegt sein. Die Ränder der Flammkuchen sollen eine leicht braune Farbe annehmen und der Speck sollte gebraten und dunkler aussehen.

Backen im Ofen:
Die Fladen können nur in einem geschlossenen Ofen gebacken werden, nicht in einem offenen Kamin. Die Ofenöffnung (meist aus Glas) sollte nicht zu groß sein, denn dann ist die Temperatur nicht ausreichend hoch. Den Ofen anmachen, kurz bevor Sie mit dem Vorteig beginnen. Je nach Ofen ist die Temperatur im Brennraum nach eineinhalb oder zweieinhalb Stunden auf ca. 300 °C gesunken. Im Ofen liegt dann nur noch helle Glut und es züngeln auch kaum noch die kleinen blauen Holzgasflammen. Das ist der richtige Zeitpunkt, um die Flammkuchen in den Ofen zu schieben. Sie können sie auf eine Schamotteplatte legen (es passen normalerweise zwei Stück darauf), ersatzweise auf einen Dachziegel. Sie sollten keine Metallunterlage dazu verwenden, denn das Metall leitet die Unterhitze zu stark, sodass die Unterseite der Fladen verbrennen würde. Im Ofen ist die Backzeit nur 5–7 Minuten.

Annette Kampmann, Irene Wittkampf und Mathilde Westarp-Dahlmann
(Sünninghausen)

Fleischtorte

Für den Mürbeteig
375 g > Mehl
175 g > Butter
2 kleine > Eier
1 TL > Salz
100 ml > lauwarmes Wasser

Für die Füllung
1 > Brötchen
1/8 l > Brühe
2 > kleine Zwiebeln
120 g > roher Schinken
(in Scheiben geschnitten)
1 > kleine rote Paprikaschote
750 g > Schweinehack
(oder je zur Hälfte Rinder- und Schweinehack)
2 gestr. TL > Salz
1 TL > Streuwürze
1 TL > Paprikapulver, edelsüß
2 EL > frischer oder getrockneter Schnittlauch
(darf auch mehr sein)
1 EL > Speisestärke
120 g > Schmand
1 > Eigelb

Die Sünninghausener Landfrauen Annette Kampmann und Irene Wittkampf kennen sich schon seit gut 30 Jahren. Kampmanns mästen auf ihrem Hof Schweine und Wittkampfs haben Milchvieh, allerdings nur noch im Nebenerwerb. Kampmanns verkaufen auf ihrem Hof schon seit Jahren Eier, Kartoffeln, Spargel und selbst gemachte Marmeladen. Vor drei Jahren beschlossen Annette Kampmann und ihr Mann, ihr Sortiment um Wurstwaren zu erweitern. Seitdem ist das Hoflädchen dienstags und mittwochs geschlossen; diese beiden Tage sind für das Wursten der eigenen Schweine reserviert. Dabei hilft Irene Wittkampf.

Mit ihrem Hoflädchen versucht Annette Kampmann, Familie und Arbeit miteinander zu verbinden. Ihre drei Kinder im Alter von 9 bis 15 Jahren sollten dabei nicht zu kurz kommen. Die fanden aber die Idee mit dem Laden gut und nun trägt jeder dazu bei, dass alles klappt in Haushalt, Betrieb und dem Hoflädchen. Das Rezept für die Fleischtorte haben Annette Kampmann und Irene Wittkampf zusammen mit der Vorsitzenden der Sünninghausener Landfrauen, Mathilde Westarp-Dahlmann, extra für das „Kuchenbuffet" erfunden. Etwas Deftiges sollte es sein und mit vielen frischen Kräutern, wie man sie auch in Kampmanns schönem Bauerngarten findet. Den kann man – wie den ganzen Hof – im Rahmen einer „Höfe-Tour" besichtigen (siehe auch „Rhabarberkuchen mit Gitter", Seite 80). Oder einfach, wenn man das Hoflädchen besucht.

Zubereitung

Als erstes das Brötchen in der Brühe einweichen.

Für den Mürbeteig die Zutaten miteinander verkneten, daraus eine Teigkugel formen und eine Stunde in den Kühlschrank legen.

In der Zwischenzeit für die Füllung Zwiebeln, frischen Schnittlauch, Paprika und Schinken fein schneiden. Das eingeweichte Brötchen, Zwiebelwürfel, Salz, Streuwürze, Paprikapulver, Speisestärke und Schmand in das Hackfleisch einarbeiten (das geht gut mit dem Knethaken eines Handrührgeräts). Zum Schluss Paprikawürfel, Schnittlauch und Schinken unterheben. Den Backofen auf 180 °C vorheizen.

Eine Springform (28 cm Durchmesser) fetten. Zwei Drittel vom Teig abteilen und auf einer bemehlten Unterlage ausrollen. Den Boden der Springform damit auslegen, der Teig sollte am Rand etwa drei Zentimeter hoch stehen bleiben. Die Füllung hineingeben und oben flach drücken.

Aus dem restlichen Teig einen runden Deckel ausrollen, auflegen und den überstehenden Teig abschneiden. Diesen ausrollen und mit Plätzchenformen kleine Teigblüten ausstechen und auf den Teigdeckel legen. Die Oberfläche mit Eigelb bepinseln und für 60 Minuten im Backofen backen.

Tipp
Die Torte schmeckt heiß und kalt, daher eignet sie sich gut für ein Picknick.

Mechthild Sandfort und Christine Rohlmann (Münster-Wolbeck)

Kürbis-Kräuterbrot

200 g > Kürbisfleisch
(am besten eignet sich ein „Hubbard", einen oder einen halben Kürbis kaufen und die Reste zu Suppen, Konfitüre oder Kompott verarbeiten)

3 EL > Wasser
1 Päckchen > Hefe
1 Prise > Zucker
400 g > Mehl
1 Prise > Salz
1 Bund > Petersilie

1 Bund > Schnittlauch
3 > Eier
100 ml > Öl, z. B. Kürbiskern-, Walnuss- oder Rapsöl

Zubereitung

Für den Brotteig Hefe in lauwarmes Wasser bröckeln, etwas Zucker dazugeben und gehen lassen. Den Kürbis teilen, in Streifen schneiden und raspeln.

Anschliessend die Kräuter waschen, klein schneiden und mit den Kürbisraspeln mischen. Mehl in eine Schüssel geben, das Salz und die Eier hinzugeben, alles gut verrühren. Dann das Öl unter ständigem Rühren langsam hinzufügen. Zum Schluss die Kürbis-Kräuter-Mischung unterheben und die aufgelöste Hefe hinzufügen.

Den Teig gut verkneten und 30 Minuten bei Zimmertemperatur ruhen lassen, den Teig noch-

Die Frage, wer M.S. ist, ist leicht beantwortet: eine Perle, die man nicht mehr so leicht findet. Mechthild Sandfort ist der gute Geist im Haushalt der Familie Rohlmann. Ohne sie bliebe mittags die Küche kalt, wäre der Abwasch nicht getan und die Wohnung nicht aufgeräumt. So gehört die gelernte Hauswirtschafterin fast zur Familie. Christine Rohlmann tüftelt mit ihr so lange am Herd, bis eine neue Geschmackskreation entstanden ist. Ein Resultat: Kürbis-Kräuterbrot.

Alle zwei Jahre dreht sich im Herbst auf ihrem Gartenbaubetrieb alles um den Kürbis. Mehr als 100 Sorten werden angebaut. Den gelben dicken Zentner kennt fast jeder, aber den „Buttercup" kaum jemand. Vor allem Selbstgemachtes entwickelt sich im eigenen Laden zum Renner. Der Clou ist aber das Kürbis-Kräuterbrot. Es schmeckt am besten mit einer Kürbissorte, die nicht zu viel Saft zieht.

Auf Kräuter haben sich Christine Rohlmann und ihr Mann seit mehr als 20 Jahren spezialisiert. Wer etwas Besonderes sucht, wie die Schokoladenblume oder das Süßkraut – ein pflanzliches Süßungsmittel fürs Kuchenbuffet –, wird hier fündig. Diese Raritäten runden das Standardangebot ab. Auf dem Wochenmarkt in Münster ist ihr Stand eine feste Institution. Hier findet sich alles für einen leckeren Salat: Rucola, Radicchio, Tomaten, Gurken, Paprika – alle aus eigenem Anbau. Wenn samstags nachmittags der Lieferwagen abgeladen ist, hat auch Christine Rohlmann Feierabend und als Mitglied im Schützenverein kommt dann das Feiern nicht zu kurz.

mals gut durchkneten und in eine normale Kastenform geben.

Den Teig mit dem Messer in der Mitte einritzen und mit der Gabel rechts und links ein paarmal einstechen. So kann beim Backen die Luft aus dem Hefeteig besser entweichen und es gibt keine Risse im Brot. 60 Minuten bei 200 °C (Umluft) backen. Wer keinen Umluftherd hat, sollte das Brot 30 Minuten bei 220 °C backen und dann auf 200 °C herunterschalten. Öfter kontrollieren, ob die Kruste nicht zu dunkel wird.

Familie Pleus (Greven)

Pirogge

Für den Hefeteig
1/4 l > Milch
600 g > Mehl
200 g > Margarine
1 gute Prise > Salz
40 g > frische Hefe

Für die Füllung
2 > Gemüsezwiebeln
3–4 EL > Öl
> Salz
2 EL > Curry
1 Glas > Weißwein (0,2 ml)
750 g > Gehacktes
(halb Rind und halb Schwein)
2 > Eier
2 EL > Paniermehl
1 > Ei
etwas > Sesam

Seit langem gehört die Pirogge, eine osteuropäische Spezialität, zu den Lieblingsrezepten der Familie Pleuß. Kaum ein Geburtstag vergeht, ohne dass sie aus Hack und Hefeteig eine Pirogge zaubern. Die Liebe zum Backen entdeckte Hartwig Pleuß in der Backstube eines Freundes, der gelernter Bäcker war. Für den Maurermeister eine ganz neue Erfahrung, dass es auch bei Hefeteig auf Fingerfertigkeit ankommt. Hausarbeit war für Familie Pleuß immer Teamarbeit – bei fünf Kindern und berufstätigen Eltern ein unbedingtes Muss.

Heute genießen beide ihren Ruhestand. Ursula Pleuß wechselte von der Büro-Schreibmaschine zum Stickrahmen im Wohnzimmer. Aus Millionen kleiner Kreuzstiche zaubert sie Bilder und Tischdecken. Ihr Mann zieht sich gerne in die Drechslerwerkstatt zurück – eine familiäre Vorbelastung, denn bereits die Großeltern verwandelten einen Holzklotz in eine Schüssel. Seine neueste Leidenschaft: Holz und Edelsteine zusammenzubringen. So entstehen Vasen mit grün schillernden Einlegearbeiten.

Vaters Handarbeit ist bei den Kindern sehr gefragt, besonders wenn ein Umzug ansteht. Die Kinder sind mobil, sie leben in Vancouver, Lissabon und im Münsterland. Die Gelegenheit, ihre Kinder zu besuchen, nehmen beide gerne wahr. Reisen ist ein Hobby, das früher viel zu kurz kam. Doch sie kehren immer wieder gern in ihr Haus in Greven zurück, denn ohne Hausmannskost geht's auf Dauer nicht. Schließlich backt Hartwig Pleuß das Brot – egal ob Körnerbrot oder Stuten – selbst. Und das lieben auch seine Kinder in der Ferne.

Zubereitung

Am Tag, bevor man die Pirogge backen will, Gemüsezwiebeln schälen, halbieren und in Scheiben schneiden. Öl in der Pfanne erhitzen, Zwiebeln hineingeben und glasig dünsten. Mit etwas Salz würzen. Curry über die Zwiebeln geben, durchrühren und kurz mitschmoren. Dann den Wein dazugießen und so lange schmoren lassen, bis die Flüssigkeit fast verdampft ist. Diese Masse dann auskühlen lassen.

Für den Hefeteig Mehl und Margarine in eine Schüssel geben. Die Milch anwärmen, die Hefe mit Salz verrühren und in die Milch rühren, etwas gehen lassen, dann zum Mehl geben. Die Masse mit den Knethaken zu einem elastischen Teig verrühren und 20 Minuten gehen lassen.

In der Zwischenzeit das Hackfleisch mit etwas Salz würzen und mit den Eiern und dem Paniermehl in eine Schüssel geben, das abgekühlte Zwiebelgemüse zufügen und mit den Knethaken verrühren. Nochmals abschmecken.

Den gegangenen Hefeteig kurz durchkneten und zu einem großen Rechteck, etwa 70 x 45 cm, ausrollen. Die Hackfleischmasse gleichmäßig darauf verteilen. Die belegte Teigplatte vorsichtig mit beiden Händen aufrollen, halbmondförmig auf ein gefettetes und leicht bemehltes Backblech legen. In den Umluftofen schieben und auf 225 °C stellen.

Die Pirogge nach ca. 10 Minuten aus dem Backofen holen, dann mit verquirltem Ei bestreichen und Sesam darüber streuen. Die Pirogge in den Ofen schieben, die Temperatur auf 200 °C herunterschalten und in etwa 45 Minuten goldbraun backen. Bei Ober- und Unterhitze verlängert sich die Backzeit um ca. 10 Minuten.

Dazu schmecken Blattsalate, Bohnen- oder Tomatensalat, man trinkt dazu Bier oder Rotwein.

Jutta Richter (Schloss Westerwinkel)

Zwiebelkuchen

500 g > Mehl
1 Prise > Salz
2 Päckchen > Trockenhefe
400 ml > lauwarmes Wasser
250–400 g > durchwachsener Speck, je nach Geschmack
4–5 > Zwiebeln, je nach Größe
(es eignen sich auch frische Frühlingszwiebeln, da sie klein sind, bitte mehr nehmen)
4 > Eier
200 g > saure Sahne
> Kümmel

Zubereitung

Für den Teig Mehl und Salz in eine Schüssel geben, Trockenhefe dazugeben und vermischen. Jetzt nach und nach das lauwarme Wasser hinzufügen.

Die Masse so lange kneten, bis der Teig Blasen wirft. Ein Backblech mit Backpapier belegen und den Teig darauf verteilen (etwa fingerdick). Etwa 30–45 Minuten bei Zimmertemperatur gehen lassen.

In dieser Zeit die Füllung zubereiten: Speck in Würfel schneiden und in der Pfanne goldbraun anbraten. Zwiebeln schälen, reiben und zu den Speckwürfeln geben. Kurz weiterbraten. Vorsicht: Die Zwiebeln dürfen nicht braun werden!

Die Eier mit der Sahne schaumig schlagen (es klappt auch mit süßer Sahne, je nach Geschmack) und mit Kümmel abschmecken. Dann die Zwiebel-Speck-Mischung auf dem Teig verteilen und mit der geschlagenen Ei-Sahne übergießen.

Im Umluftherd bei 180 °C (Ober- und Unterhitze: 200 °C) etwa 30 Minuten backen. Den Backofen öfter kontrollieren. Wer es nicht so knusprig braun mag, sollte den Kuchen vorher herausnehmen. Wer es ganz knusprig mag, kann den Zwiebelkuchen ruhig etwas länger backen.

Vielleicht hat der Hausgeist von Schloss Westerwinkel die Finger im Spiel, wenn Jutta Richter Geschichten schreibt. Schlossgraben, Türmchen und Park möchte Jutta Richter nicht mehr missen, denn hier kann sie die Seele baumeln lassen und neue Ideen zu Papier bringen.

Ihr erster Freund hieß Martin und war taubstumm. Ihm hat sie im Kindergarten Geschichten erzählt und er hat sie nie unterbrochen. Beim Krippenspiel in der Schule spielte sie den Josef, kurze Haare und eine präsente Stimme befähigten sie dazu. Als Austauschschülerin in Amerika bekam sie Heimweh und so begann sie zu schreiben. Sie lernte zwar Englisch, verlor aber nie den Kontakt zur Muttersprache. Damit stand fest: Sie wollte Schriftstellerin werden. Ihre Eltern aber hatten Zweifel, ob das das Richtige für ihre Tochter wäre. Die Folge: Sie studierte ein bisschen Deutsch und Religion und schrieb weiterhin Geschichten.

Es dauerte zwar einige Zeit, bis ihr Talent sich auch am Buchmarkt durchsetzte, aber ihre Beharrlichkeit führte zum Ziel – zum deutschen Jugend-Literaturpreis. Geschichten erfinden und erzählen, darüber reden gehört für Jutta Richter zusammen – und wo klappt das besser als in ihrer Schlossküche. Wenn sie den Backofen einschaltet, ist nicht so sehr Süßes gefragt, sondern Deftiges. Zwiebelkuchen ist genau das Richtige für den Dämmerschoppen, wenn Freunde überraschend hereinschauen.

Wer mehr von Jutta Richter erfahren will, sollte WDR 5 einschalten. Dort moderiert sie regelmäßig Programme für junge Hörer.

Sonderteil
Bauernhofcafés

Man findet sie überall im Münsterland und sie sind alle ganz unterschiedlich: Bauernhofcafés, die sich bestens für einen Ausflug mit der ganzen Familie, Freunden und Bekannten, alleine oder zu zweit eignen. Oft gibt es Spielmöglichkeiten für Kinder, manche bieten Planwagenfahrten an, viele liegen an einer schönen Radfahrroute und sind ein einladendes Ziel für eine längere Radwanderung. Meistens stehen nicht nur Kaffee und selbst gebackener Kuchen auf der Speisekarte, sondern auch deftige Gerichte vom Bauernfrühstück bis zum Abendessen mit westfälischen Spezialitäten, deren Zutaten oft vom eigenen Hof oder von Höfen aus der Umgebung stammen.

Ausflugstipps Bauernhofcafés

Wir stellen Ihnen sechs Bauernhofcafés aus verschiedenen Regionen des Münsterlandes vor und wünschen viel Spaß beim Erkunden!

Alle Adressen finden Sie im Service-Teil auf Seite 112.

Britta Wierlemann, Bauernhofcafé „Nahrup's Hof" (Greven)

Apfel-Wein-Torte

Für den Mürbeteig
300 g > Mehl
1 Msp. > Backpulver
200 g > Butter
2 > Eier
100 g > Zucker
1 Msp. > Vanillinzucker

Für die Füllung
ca. 800 bis 1000 g > Apfelstücke, frisch oder aus dem Glas (es sollte eine Sorte sein, die nicht zu Apfelmus zerkocht)
3/4 l > Wein (oder Apfelsaft für die, die Alkohol nicht mögen)
150 g > Zucker
40 g > Vanillinzucker
1 Päckchen > Vanillepuddingpulver zum Kochen

Zubereitung

Für den Mürbeteigboden Mehl, Backpulver, Butter, Eier, Zucker und Vanillinzucker in einer Schüssel verrühren und mit einem Mixer oder den Händen zu einer Teigmasse verkneten. Drei Viertel der Teigmasse in eine Springform (28 cm Durchmesser) geben und den Mürbeteigboden bei 180 °C im Umluftherd (200 °C bei Unter- und Oberhitze) ca. 10–15 Minuten backen.

Für die Füllung die frischen Äpfel schälen, entkernen und kurz aufkochen. Es klappt aber auch mit Apfelstückchen aus dem Glas.

Dann einen Vanillepudding nach Packungsanleitung mit Zucker und Vanillinzucker zubereiten. Statt Milch sollte man Wein (oder Apfelsaft) als Flüssigkeitszugabe verwenden. Die Apfelstücke in die noch heiße Masse geben und umrühren.

Den gebackenen Mürbeteigboden in eine Springform legen, den Rand mit der restlichen Teigmasse auskleiden und dann die noch warme Apfel-Weinmasse einfüllen. Bei 180 °C ca. 50–60 Minuten im Umluftherd (ca. 200 °C bei Ober- und Unterhitze) backen.

Vorsicht: Die Torte darf nicht zu dunkel werden. Sie ist fertig, wenn die Apfel-Weinmasse fest wird.

Die fertige Torte je nach Geschmack mit Sahne und Apfelstücken, vielleicht mit etwas Eierlikör oder Vanillesauce auf dem Teller anrichten.

Mit Spargel fing alles an. Auf dem Hof der Familie Nahrup wächst schon lange Spargel. In den letzten Jahren erweiterte sie die Anbaufläche und den Direktverkauf. Im eigenen Hofladen direkt am Kanal geht von April bis Juni das königliche Gemüse zentnerweise über die Theke – inklusive Rezepten, denn viele suchen nach neuen Geschmacks-Kombinationen.

Bernfried Nahrup, Junior der Familie, und Britta Wierlemann hatten die zündende Idee: Die alte Maschinenhalle wurde renoviert und im Jahre 2000 entstand so ein Bauernhofcafé, das während der Saison zum Spargelbuffet einlädt. Mittlerweile bekommt man hier kaum noch einen Platz, wenn man nicht reserviert hat. Aber was wäre ein Bauernhofcafé ohne Kuchenbuffet? Britta Wierlemann, gelernte Bürofachfrau, tauschte Aktenordner mit Schürze und verwirklichte so ihren Jugendtraum, ein Lokal zu eröffnen. Wenn sonntags das Café bis auf den letzten Platz besetzt ist, managt er den Service hinterm Tresen und sie wirbelt durch die Küche. Sonntags um 6 Uhr aufstehen und alle Torten frisch zuzubereiten – das ist ihr Erfolgsrezept.

Ihr großes Plus: die gemütliche Caféterrasse, ein großer Kinderspielplatz und vor allem der Kanal-Radwanderweg, der genau an ihrer Haustür vorbeiläuft. Er sorgt für hungrige Gäste, die gerne dem kleinen Wegweiser am Kanal folgen.

An zwei Tagen ist Ruhe. Nach Einkauf, Büroarbeit und Abbau des Marktstandes bleibt dann ab und zu Zeit, um selbst auf die Räder zu steigen.

Sabine Brefeld, Bauernhofcafé „Alte Tenne“ (Gronau)

Beeren-Dickmilchtorte

Für den Teig
- 125 g > Butter oder Margarine
- 125 g > Zucker
- 1 Päckchen > Vanillinzucker
- 2 > Eier
- 50 ml > Milch
- 200 g > Mehl
- 1 TL > Backpulver
- 1 Tafel > Joghurtschokolade mit Beeren oder Roter Grütze

Für den Belag und die Dekoration
- 12 Blatt > Gelatine
- 1 > Zitrone
- 125 g > Zucker
- 500 ml > Dickmilch
- 500 g > Beeren der Saison (oder tiefgefrorene Beeren, z. B. Himbeeren)
- 500 ml > Sahne
- 50 g > Pistazien

Ausflugstipp: Bauernhofcafés

Altes Gemäuer – junges Innenleben: Sabine und Stefan Brefeld übernahmen den Hof 1993. Obwohl beide landwirtschaftliche Berufe erlernt haben – sie ist Agraringenieurin, er Metzger – dachten sie nie daran, Landwirtschaft zu betreiben. Sie erhielten beim Renovieren den alten Charakter der Tenne mit den alten Holzbalken, zwischen denen heute Gäste Platz nehmen. Die nahe niederländische Grenze, ein Hotel um die Ecke und eine Landschaft, die zum Spazierengehen einlädt: All das bietet die Bauerschaft Sunderhook. Nicht zu vergessen der eigene Kinderspielplatz, die Caféterrasse am Teich und der Esel, der auf Streicheleinheiten wartet.

Zwar ist das Bauernhofcafé nur an Sonn- und Feiertagen geöffnet, dennoch gibt es Aufträge genug: Familienfeste, ein kleines Konzert und Ausflugsgruppen bescheren ihnen viele Gäste, und die mögen rustikale Küche. Für Stefan Brefeld, den Fleischspezialisten, kein Problem. Er ist fürs Kochen, den Service und die Gästebetreuung zuständig. Seine Frau übernahm das Management und das Backen. Am Kuchenbuffet laufen die Klassiker am besten. Backen war früher eher Hobby und Sache der Studienkollegen, die Ernährungswissenschaften studierten. Sabine Brefeld hatte nie gedacht, darauf eine berufliche Karriere aufzubauen. Aber mittlerweile umfasst ihre Rezeptkartei mehr als 50 Rezepte. Gebacken wird in der eigenen Küche und die direkte Nähe von Arbeit und Haushalt ermöglichen es Familie Brefeld, beides zu vereinen. Ihre vier Kinder haben die Eltern immer in Rufweite.

Zubereitung

Für den Teig Fett, Zucker, Vanillinzucker schaumig rühren, die Eier und die Milch hinzufügen. Die Schokolade klein hacken. Zum Schluss Mehl, Backpulver und die klein gehackte Schokolade unterheben und gut durchrühren.

Eine Springform (26 cm Durchmesser) einfetten und die Teigmasse einfüllen. 30 Minuten bei 175 °C im Umluftherd backen (bei Ober- und Unterhitze ca. 5–10 Minuten länger).

Für den Belag die Gelatine in etwas Wasser einweichen. Die Zitrone auspressen, den Saft mit dem Zucker erhitzen, die Gelatine darin auflösen. Dann die Dickmilch einrühren und ca. 20 Minuten gelieren lassen. 250 ml Sahne steif schlagen. Die Beeren unterheben – einige für die Dekoration aufheben – und vorsichtig mit der Dickmilchmasse verrühren.

Den abgebackenen Boden durchschneiden, und zwar so, dass ein dickerer und dünnerer Boden entsteht. Den dickeren Boden in eine Springform legen, die Beeren-Dickmilchmasse darauf streichen, mit dem dünneren Boden abdecken und mindestens zwei Stunden kalt stellen.

Die Torte aus dem Kühlschrank nehmen und aus der Springform lösen. Die restlichen 250 ml Sahne steif schlagen und die Torte damit bestreichen. Mit Sahnetupfern, Beeren und Pistazien garnieren.

Renate Niggemann, Bauernhofcafé „Hoetmarer Deele“ (Hoetmar)

Biskuit mit Früchten

Für den Biskuit
- 4 > Eier
- 150 g > Zucker
- 2 EL > Vanillezucker
- 2 EL > Wasser
- 300 g > Mehl
- 3 TL > Backpulver

Für die Füllung
- 1 Dose > Pfirsiche (470 g Abtropfgewicht)
- 1 Dose > Birnen (470 g Abtropfgewicht)
- 2 Dosen > Mandarin-Orangen (je 175 g Abtropfgewicht)
- 500 g > Erdbeeren
- 1 l > Sahne
- 10 Blatt > Gelatine
- 500 g > Magerquark
- 200 g > Zucker
- 2 EL > Vanillezucker
- 1 Päckchen > Puddingpulver Maracujageschmack (ohne Kochen)
- 400 ml > Milch

Ausflugstipp: Bauernhofcafés

Zubereitung

Den Backofen auf 190 °C vorheizen. Für den Biskuit Eier, Zucker und Vanillezucker mit dem Wasser 10 Minuten cremig aufschlagen. Mehl und Backpulver vermischen, zur Eiermasse geben und von Hand kurz unterrühren. Ein Backblech einfetten, die Biskuitmasse darauf verstreichen und etwa 15 Minuten backen. Auskühlen lassen.

Die Früchte aus der Dose abtropfen lassen, den Saft auffangen und anderweitig verwenden. Die frischen Früchte waschen, putzen und trocknen lassen.

Für die Füllung die Sahne steif schlagen und kühl stellen. Die Gelatine einweichen. Den Quark mit Zucker und Vanillezucker glatt rühren. Das Puddingpulver nach Packungsanweisung mit der Milch anrühren. Die Gelatine auflösen und leicht abkühlen lassen.

In der Zwischenzeit Quark und Pudding vermischen und dann die Gelatine unterrühren. Kurz kühl stellen. Wenn die Masse fest zu werden beginnt, alles mit der Sahne vermischen und diese Creme auf den Biskuitboden streichen. Die Früchte darauf legen.

Das Bauernhofcafé „Hoetmarer Deele“ ist ein Familienbetrieb, in dem drei Generationen von Frauen zusammenarbeiten. Damit das gut klappt, hat jede von ihnen ihren eigenen Arbeitsbereich: Renate Niggemann, die Chefin, kümmert sich um die Kuchen und Torten, ihre Mutter Ursula unterhält sich mit den Gästen und die Töchter Anja und Nicole bedienen in ihrer Freizeit; die eine macht eine Ausbildung als Versicherungs- und Immobilienkauffrau, die andere hat sich fürs Jurastudium entschieden. Auch der Sohn hatte kein Interesse an der Landwirtschaft, so beschloss Renate Niggemann, ihr Hobby, das Backen, zum Beruf zu machen.

Sie verwandelte das alte Bauernhaus aus dem 17. Jahrhundert, das über 40 Jahre leer gestanden hatte, in ein Bauernhofcafé und bietet seit 1996 ihre selbst gebackenen Kuchen und Torten an. Auf Bestellung gibt es sonntags morgens auch ein rustikales Bauernfrühstück, in der kalten Jahreszeit vor dem offenen Kamin. Mutter Ursula unterstützte die Pläne ihrer Tochter. Mittlerweile ist sie mit einigen der älteren Gäste gut bekannt und setzt sich gerne zu einem kleinen Pläuschchen an den Tisch. Oder sie macht eine Führung durch die Winkel des historischen Gemäuers und erklärt den Besuchern Zweck und Funktionsweise der alten Gebrauchsgegenstände, die alle sorgfältig aufgestellt sind. Sie erzählen von der Zeit, als die Hoetmarer Deele noch kein Café, sondern ein Bauernhof war.

Waltraud Kruse, Bauernhofcafé „Hof Kruse“ (Kattenvenne)

Blaubeertorte

Für den Rührteig
250 g > Butter oder Margarine
200 g > Zucker
5 > Eier
250 g > Mehl
2 gestr. TL > Backpulver

Für den Belag
600 ml > Sahne
1 gehäufter EL > Zucker
2 Päckchen > Vanillepudding-pulver (ohne Kochen)

2 Gläser > Blaubeeren
(je 205 g Abtropfgewicht)
oder
750 g frische > Blaubeeren
(dann noch zusätzlich 500 ml Apfelsaft und 1/8 l Wasser)

3 Päckchen > klarer Tortenguss
1 gehäufter EL > Zucker

Zubereitung

Den Backofen auf 175 °C vorheizen. Für den Teig Fett durch Erhitzen flüssig werden lassen. Danach mit den Eiern und dem Zucker schaumig schlagen. Mehl und Backpulver vermischen und nach und nach unterrühren. Den Teig in eine gefettete Springform (28 cm Durchmesser) geben und etwa 35 Minuten backen.

Die Blaubeeren abtropfen lassen, den Saft dabei auffangen. Den Boden nach dem Auskühlen in zwei Hälften teilen. Für die Torte wird nur eine der Hälften gebraucht. Die zweite lässt sich gut einfrieren.

Für den Belag die Sahne mit dem Zucker steif schlagen und dann das Puddingpulver unterrühren. Einen flexiblen Tortenring um den Rührteigboden spannen und die Puddingcreme gleichmäßig darauf streichen.

Die abgetropften oder die frischen Blaubeeren darauf verteilen. Tortenguss, Zucker und Blaubeersaft (bei frischen Beeren: Apfelsaft und Wasser) nach Packungsanweisung anrühren, aufkochen und den Tortenguss über die Blaubeeren geben. Erkalten lassen.

Tipp
Die Torte kann man auch mit anderen Obstsorten zubereiten, z. B. mit frischen Johannis- oder Himbeeren

So hatte sich das Wilhelm Kruse nicht vorgestellt, als er von der Landwirtschaft zum Holzrücken wechselte, sich ein paar Kaltblutpferde anschaffte und mit ihnen zum Arbeiten in den Wald zog. Jetzt ziehen die Pferde kein Holz mehr, sondern einen Planwagen mit Gästen des „Bauern-Café Hof Kruse“. Wilhelm Kruse sitzt entweder auf dem Kutschbock und zeigt ihnen die schöne Münsterländer Parklandschaft oder steht hinter dem Zapfhahn und versorgt die Gäste mit Getränken.

Seine Frau brauchte einen ziemlich langen Atem, um ihren Wunsch, ein Café auf dem Hof zu eröffnen, in die Tat umsetzen zu können. Ihre Familie hielt nicht viel von dem Vorhaben. Aber Waltraud Kruse begann Stück für Stück überzählige alte Möbel aufzuarbeiten. Freunde schenkten ihr alte Stücke, die sie nicht mehr brauchten. Waltraud Kruse brachte sie erst alle auf Vordermann und dann in einem großen Schuppen unter. Sie wusste, irgendwann würde sie all ihre Schätze hervorholen können.

Eines Tages bekam sie einen Anruf von der Gemeinde: Besucher aus einer Partnerstadt aus Amerika wollten in ländlichem Ambiente Kaffee trinken – ob sie genug Platz hätte, um sie zu bewirten? Waltraud Kruse machte sich an die Arbeit: Sie strich die Deele und bat dann ihren staunenden Mann ihr zu helfen, die Möbel aus dem Schuppen aufzustellen. Sie reichten, um den großen Raum zu füllen, inklusive alter Gemälde und Teppiche. Das Kaffeetrinken war ein großer Erfolg und Überzeugungsarbeit muss die Chefin seitdem keine mehr leisten.

Pflaumenstreusel

1000 g > Mehl
2 TL > Backpulver
1 Prise > Salz
1 Msp. > Zimt
400 g > Zucker
400 g > Butter
2 > Eier
2,5–3 kg > Pflaumen
2 EL > Zucker

Zubereitung

Für den Teig Mehl, Backpulver, Salz und Zimt mischen, in eine Schüssel geben oder auf dem Tisch anhäufen. In der Mitte eine Mulde formen und Zucker hineingeben.

Die Butter als Flocken auf dem Mehlrand verteilen, die Eier hinzugeben, erst kurz mit dem Zucker in der Mulde vorsichtig verrühren, dann alle Zutaten verkneten – entweder mit dem elektrischen Handmixer oder mit den Händen. So lange kneten, bis ein Streuselteig entsteht. Er ist dann richtig, wenn er sich zwischen den Fingern gut zerbröseln lässt.

Zwei Drittel des Teiges auf ein gefettetes Backblech geben und leicht andrücken. Die gewaschenen und vom Kern befreiten Pflaumen dachziegelartig auf den Teig legen. Eventuell die Pflaumen an den Rändern noch ein wenig einkerben. Zucker darüber streuen, den Rest der Streusel darüber geben und im Umluftherd bei 175 °C 50–60 Minuten backen.

Landwirtschaft pur: Auf dem Hof der Familie Bienias arbeiten zwei Generationen Hand in Hand. Vom Maiskorn zum Ferkel, vom Mastschwein zur Wurst: Im Hofladen wird fast alles selbst produziert. Ursula Bienias ist gelernte Agraringenieurin und managt den Schweinestall mit 300 Bewohnern. Das heißt: frühmorgens füttern und ab auf den Trecker und aufs Feld. Sie baut das Schweinefutter größtenteils selbst an, ihr Bruder betreibt die hofeigene Metzgerei. Nach dem Schlachten holt er das Fleisch ab und zerlegt es fachmännisch. Ob Schnitzel oder Mettwurst, im Hofladen ist alles frisch.

Vom Hofladen geht's ins Bauernhofcafé. Hier hilft Maria Koggenhorst kräftig mit. Ihre Spezialität: Pflaumenstreusel vom Blech. Wenn man Glück hat, kommt er direkt aus dem alten Backhaus. Es gehört seit 250 Jahren zum Hof und am aufgemauerten Steinbackofen hat sich nichts geändert. Neugierige Gäste werfen gerne einen Blick hinein und sind erstaunt, dass der Oldtimer ohne Strom und Schalter bedient wird.

Donnerstags morgens feuert Maria Koggenhorst an. Dazu legt sie Holzscheite in den Ofen, zündet sie an und wartet, bis eine gleichmäßige Glut entsteht. Das dauert Stunden. Anschließend muss die Glut raus und der Backofen wird mit Besen und nassen Tüchern ausgeschleudert. Jetzt ist der Ofen richtig heiß und Maria Koggenhorst schiebt die Brote hinein. Wenn die fertig sind, reicht die Restwärme noch für die Kuchenbleche.

Egon Henrichmann, Bauernhofcafé „Egon's Kotten" (Havixbeck-Hohenholte)

Schmandkuchen mit Kirschen

Für den Rührteig
- 200 g > Margarine
- 200 g > Zucker
- 4–5 > Eier
- 1 Prise > Salz
- 275 g > Mehl
- 1 Päckchen > Backpulver

Für den Belag
- 3 Gläser > Sauerkirschen (Abtropfgewicht je 370 g)
- 3 Päckchen > klarer Tortenguss
- 3 Becher > Schmand (à 200 g)
- 3 Becher > Sahne (à 250 g)
- 3 Päckchen > Vanillezucker
- 3 Päckchen > Sahnesteif

Für die Dekoration
- 4 EL > gehackte Pistazien
- > Schokostreusel oder Mandelblättchen

Ausflugstipp: Bauernhofcafés

Zubereitung

Zuerst die Kirschen abtropfen lassen und dabei den Saft auffangen. Den Ofen auf 175 °C vorheizen. Für den Rührteig Margarine, Zucker, Eier und Salz schaumig rühren.

Mehl und Backpulver vermischen und nach und nach unter den Teig ziehen. Ein Backblech einfetten und den Teig darauf verteilen. Etwa 20–25 Minuten goldbraun backen und dann auf dem Blech auskühlen lassen.

Anschliessend aus 3/4 Liter Kirschsaft einen Tortenguss kochen, zum Schluss die Kirschen hineingeben. Die Masse auf dem Rührteigboden verteilen, glatt streichen und auskühlen lassen.

Währenddessen die Sahne mit Zucker und Sahnesteif steif schlagen. Den Schmand mit dem Mixer glatt rühren und dann die Sahne darunter ziehen.

Die Schmand-Sahne auf die Kirschen geben und die Oberfläche glätten. Mit den gehackten Pistazien, Schokostreuseln oder gerösteten Mandelblättchen bestreuen.

Nach 40 Jahren in der Landwirtschaft fand Egon Henrichmann, es sei an der Zeit, etwas Neues anzufangen. Das Neue war erst einmal etwas ziemlich Altes und Heruntergekommenes: ein Kotten, der seine besten Zeiten offensichtlich schon lange hinter sich hatte. Die vielen Fahrradfahrer, die in seiner Gegend unterwegs waren, brachten Egon Henrichmann auf die Idee, das alte Gemäuer zu einem Landcafé umzugestalten. Einmal angefangen, war der Ausbau dann doch aufwändiger als erwartet und entsprechend höher fielen auch seine Investitionen aus. Zum Glück war dann aber auch der Gästeandrang viel größer, als er vorsichtig geschätzt hatte.

Das liegt wohl auch daran, dass in dem Haus eine so wohnliche Atmosphäre herrscht. Die Räume hat Egon Henrichmann in ihrer alten Form belassen, sodass Wohnteil und ehemaliger Stalltrakt noch zu erkennen sind. Ihr Innenleben ist liebevoll mit alten Möbeln und Mut zur Farbe gestaltet worden und alle Räume sind nicht nur unterschiedlich groß, sondern sehen auch alle ganz verschieden aus. Draußen können sich die Kinder auf dem Spielplatz austoben. Der liegt am Ende des Bauerngartens mit Tischen und Stühlen und einer Außenkegelbahn darin. Egon Henrichmann serviert gut gelaunt Kuchen oder deftige Speisen und findet, dass es tatsächlich ganz gut war, etwas Neues anzufangen – auch wenn das am Anfang etwas Altes war, das erst noch mächtig aufpoliert werden musste.

ABC

Impressum

Gestaltung: high standArt, Münster
Fotos: Detlef Güthenke, Gütersloh
Lektorat: Dorothea Raspe, Münster

Gedruckt auf chlorfrei gebleichtem Papier
Printed in Germany
ISBN 3-7843-3223-4

Ausflugstipp: Bauernhofcafés

Sonderteil „Bauernhofcafés" ab Seite > **96**

Die Kuchenbuffet-Ausflugstipps

Einige der Kuchenbuffet-Rezepte können Sie auch direkt bei dem jeweiligen Bäcker probieren: Machen Sie einfach einen Ausflug in eins der Bauernhofcafés aus unserem Sonderteil oder besuchen Sie einen der unten aufgeführten Hofläden.

Bauernhofcafés

Bauernhofcafé „Nahrup's Hof"

> Postdamm 4
48268 Greven
Tel. 0 25 71/54 96 08
Fax 0 25 71/54 96 07
E-Mail: NahrupsHof@aol.com
geöffnet in den Wintermonaten 14 – 19 Uhr
(24.12. – Ende Januar geschlossen)
zur Terrassenzeit 14 – 20 Uhr
Ruhetag: Dienstag und Mittwoch

Bauernhofcafé „Alte Tenne"

> Sabine und Stefan Brefeld
Sunderhook 3
48599 Gronau-Epe
Tel. 0 25 65/71 04
E-Mail: AlteTenne@t-online.de
Internet: www.altetenne.de
geöffnet: Sonntag 14 – 18 Uhr
Termine nach Anfrage für Gruppen oder Familien ab 8 Personen

Bauernhofcafé „Hoetmarer Deele"

> Dorfbauerschaft 4
48231 Hoetmar
Tel. 0 25 85/75 71
geöffnet: Dienstag – Sonntag 14 – 18 Uhr
Sonntag: 9 – 12 Uhr Frühstücksbuffet
Ruhetag: Montag

Bauernhofcafé „Hof Kruse"

> Auf den Kämpen 7
49536 Kattenvenne
Tel. 0 54 84/13 75
Fax 0 54 84/9 61 90 04
geöffnet: Dienstag – Samstag ab 15 Uhr
Sonn- und Feiertag ab 11 Uhr, herzhafte Speisen bis 21 Uhr
Ruhetag: Montag

Mia's Backhaus

> Familie Bienias
Büren 20
48712 Gescher
Tel. 0 25 42/15 08
Fax 0 25 42/90 16 37
geöffnet: Dienstag – Sonntag 10 – 19 Uhr
Ruhetag: Montag

Bauernhofcafé „Egon's Kotten"

> Schonebeck 77
48329 Havixbeck-Hohenholte
Tel. 0 25 07/57 19 66
Handy: 01 71/4 26 92 97
Fax 0 25 07/57 21 75
Internet: www.bauernhofcafes.de
geöffnet: täglich 10.30 – 22 Uhr
Ruhetag: Montag

Hofläden

Hofladen

> Anne Ridder
Hovestweg 4
59329 Wadersloh
geöffnet: jeden Tag, außer Dienstag, von 8 – 12 Uhr und 15 – 18.30 Uhr
Samstag 8 – 12.30 Uhr

Kräuter- und Gemüsehof Rohlmann

> Everswinkeler Str. 24
48167 Münster-Wolbeck
Tel. 0 25 06/33 38
geöffnet: Dienstag – Samstag, ab 9 Uhr
Mittwoch- und Samstagvormittag: Stand auf dem Wochenmarkt, Domplatz Münster

Kampmann's Hoflädchen

> Heibrink 2
59302 Oelde-Sünninghausen
Tel. 0 25 20/2 32
Fax 0 25 20/91 25 61
geöffnet: Donnerstag, Freitag und Montag 8 – 12, 14.30 – 18 Uhr
Samstag 8 – 13 Uhr
Ruhetag: Dienstag und Mittwoch

Naturlandhof Büning

> Borghorster Straße 67
48366 Laer
Tel. 0 25 52/86 20
Verkauf ab Hof: Freitag 19 – 20 Uhr
Mittwoch- und Samstagvormittag, Freitagnachmittag: Stand auf dem Wochenmarkt, Domplatz Münster

Elisabeth's Brotstube

> Hof Plümpe auf Gut Holsen
Holter 7
59269 Beckum
Tel. 0 25 21/1 86 23
Fax 0 25 51/1 86 28
geöffnet: Freitag ab 14 Uhr

Informationen über die Höfetour im Raum Oelde / Beckum

Forum Oelde-Touristik

Tel. 0 25 22/7 28 91

Marina Recke

> Auf der Haar 23
49509 Recke
Tel. 0 54 53/98 10 22
oder 01 71/3 77 83 06

Ferienhof Herdering

> Samberg 9
48625 Metelen
Tel. 0 25 56/77 22

AK 200-7
25
200-7 KODAK
26
KODAK 200-7
27
200-7 KODAK
24A
25
25A
26
26A
27
27A